双桨鸿惊

企业价值观与数字化的力量

于英涛 ◎ 著

中信出版集团｜北京

图书在版编目（CIP）数据

双桨鸿惊 / 于英涛著 . -- 北京：中信出版社，2024.6
ISBN 978-7-5217-6588-5

Ⅰ.①双… Ⅱ.①于… Ⅲ.①数字技术－影响－制造工业－工业企业管理－研究－中国 Ⅳ.① F426.4

中国国家版本馆 CIP 数据核字（2024）第 097602 号

双桨鸿惊
著者： 于英涛
出版发行：中信出版集团股份有限公司
（北京市朝阳区东三环北路 27 号嘉铭中心　邮编　100020）
承印者： 嘉业印刷（天津）有限公司

开本：880mm×1230mm 1/32　印张：9　　字数：137 千字
版次：2024 年 6 月第 1 版　　　　印次：2024 年 6 月第 1 次印刷
书号：ISBN 978-7-5217-6588-5
定价：69.00 元

版权所有·侵权必究
如有印刷、装订问题，本公司负责调换。
服务热线：400-600-8099
投稿邮箱：author@citicpub.com

目　录

序　言 / *3*
前　言 / *11*

第一章　变革的缘起

一、一次关键的对话 / 003

二、业界的典型难题摆在眼前 / 010

三、整合之路与业绩的 V 形反转 / 017

四、三年后的回望 / 023

第二章　变革的思考

一、如何实现文化重塑 / 031

二、数字化变革是企业发展壮大的必由之路 / 061

三、做好数字化变革的整体规划 / 071

四、制定数字化变革的推进策略 / 075

第三章　变革的实践

一、做好顶层设计：建设全新的新华三"数字大脑" / 089

二、数字化变革的具体实践 / 100

第四章　变革的突破

一、数字化变革不是单纯的技术问题 / 197

二、数字化变革需要打破思维定式 / 200

三、让全员成为数字化变革的参与者、推动者 / 210

第五章　变革的展望

一、对于数字化变革未来之路的思考 / 223

二、对于推进数字化变革的思考 / 238

附　录 / 247

后　记 / 263

序 言

出任新华三集团的首席执行官是一件非常偶然的事情。2015年8月9日，出于个人原因，我离开了工作21年的中国联通集团，加入了紫光集团。当时，紫光集团于我是很陌生的，无论是高管还是员工，我无一相识。在中国联通集团任职期间，我曾长期从事运营商手机的定制、销售、运营管理等工作，创办了三大运营商的第一家手机公司——联通华盛通信有限公司（2005年7月），主持打造了全球第一款双网双待手机（酷派728），这一创新引领了当时CDMA（码分多路访问）手机的潮流，双网双待逐渐成为中国手机的标配。就连iPhone（苹果手机）也从2018年的iPhone XR开始加入这个行列，这是我在运营商工作期间最引以为傲的事情。除此之外，还有一件比较有意义的事情，中国联通集团于2009年10月第一次引进iPhone 3，其智能化水平让中国市场上的传统手机望尘莫及，同时其价格也成为很多人"心中的痛"。我认为智能手机的价格门槛应该大幅度降低，这样才能迅速进入千家万户。于是，我提出了"新定义千元智能机"这一概念，这是全球市场上第一次有人提出要把智能机降到一千元以内的大胆设想。我快速组织厂商规划设计并按照 iPhone 3 的硬件标准来打造，结果"一炮打响"。第一款千元智能机中兴 V880（零售价 999 元）月销量突破百万台，紧接着联想推出第二款千元智能机联想 A60，同样供不应求，月销量也突破了百万台。随后，几乎所有的中国手机厂商蜂拥而至，中国智能手机的普及率迅速大幅度提升，整整领先了全球两年的时间。

  我在运营商的高管中享有些许薄名，除了上述的一些工作成绩，主要得益于时任中国联通集团领导班子的信任和充分授权。当时，中国联通集团同时经营 GSM（全球移动通信系统）、CDMA 两张网，经营任务较重，CDMA 手机产业链与 GSM 手机产业链相比还很羸弱，这些都是巨大的挑战，但同时也带来了机遇，让我和团队有机会去大胆创新、勇于突破。因此，业界也给我打上了市场化、创新、有激情、有魄力的标签。我想，这也是紫光集团从众多候选人中选择我来出任未来重组后的新华三集团首席执行官的一个主要原因。

新华三集团自2016年5月6日成立至今，走过了8年的历程，在各级党委、政府的大力支持下，在紫光集团的领导下，我和团队及全体同事齐心协力、共同奋战，克服了种种困难与挑战，取得了令业界瞩目的成绩。截至2023年底，新华三的收入规模是2016年的近3倍，利润实现翻番，产品覆盖云、网、安、算、存、端，技术领先性不断提升，市场除了覆盖中国大陆，还在海外17个国家和地区设立了办事机构，正全力开拓国际市场，新华三的市场竞争力和品牌影响力在不断扩大，已经成为中国新一代信息通信领域的领军企业之一。

回顾过去8年走过的历程，我们在不断地探索和实践，有成功、有喜悦，也有失败和沮丧。但好在成功大于失败，喜悦多于沮丧，也积累了很多经验和教训。新华三的品牌定位是"数字化解决方案领导者"，围绕这一定位，我们始终致力于做中国数字经济时代百行百业数字化变革的实践者和赋能者。实践和赋能，都要求我们把自身数字化转型（新华三将数字化转型升级为数字化变革，以示决心更大，谋求变革）的经验分享出来，把我们的所思、所想与大家交流，希望能给大家提供一些理论、实践和方法上的参考。

本书重点描述了两部分内容，一是新华三的企业文化和价值观，二是数字化变革，它们像"双桨"一样驱动着新华三前行，我认为这是新华三过去8年能够取得成功最重要的两大基石，也是本书书名"双桨鸿惊"的由来。想当年，苏轼"一叶舟轻，双桨鸿惊"的优美词句，带给我们一幅宁静中有动态美的江景图。双桨划动，惊起鸿雁，小舟飞速前进。苏轼感叹生命的轻盈和世界的广阔，他一定没想到，近千年之后，有一位企业家借用了他的词句，来表达价值观和数字化变革对企业发展的重大作用。

谈到企业文化和价值观，不得不说新华三的前生今世，书中对此有详尽的叙述，这里我仅简要提供一些素描。新华三是由两家在中国有重要影响力的公司合并而成的，一家是有华为基因的中国本土企业杭州华三通信技术有限公司（以下简称杭州华三），另一家是世界著名跨国公司惠普在中国的全资企业，两家公司当时的体量都在百亿元左右，但风格迥异，企业文化和价值观都有各自鲜明的特点。可以想象，成功整合这样两家具有一定规模且文化、基因迥然不同的公司，挑战有多大。在国际国内，两家大公司合并，或者一家兼并另一家，失败的案例比比皆是。新华三重组取得成功，尤其还是以中美合资这样一种模式，非常不容易。其核心是企业文化和价值观的整合和建立，按照"做事：讲常识，合逻辑，遵循市场规律"与"做人：守诚信，有担当，坚守知行合一"两个行为准则，新华三建立了一套既与国际接轨，又具有中国特色的企业文化和价值观，形成了全体新华三人的共识。这一文化体系的不断深化和实践，已经成为新华三最大的内生动力。新华三倡导的"用心学习、用心思考、用心沟通、用心工作""坚持阳光和简单的人际关系"，以及"快乐工作、快乐生活"的理念，已经深入人心。正是这样一套具有共同价值观的企业文化，支撑了新华三内部沟通、工作、考核、激励的高效和明晰，形成了新华三在技术和市场两个领域的独特优势和核心竞争力。新华三集团的成功整合和快速发展，引起了业界的高度关注，在中国的ICT（信息与通信技术）跨国公司纷纷研究这一"新华三现象"，甚至有的公司直接从美国总部派出高管，与我沟通是否有可能在中国与它们也成立类似的合资公司。然而，出于种种原因，这种合作模式没有再复制。剑桥大学在2017年、2018年连续两年邀请我到剑桥大学商学院授课，分享一家全美资公司如何演变成中美合资公司并取得成功的经典案例。

数字化变革是近年来最热门的话题之一，云计算自2009年前后在国内兴起，至今已走过了15年的历程，云计算的核心是数据的应用。当数据第一次成为一个非物理状态的生产要素时，数字化转型成了所有行业的主题。新华三也在2019年首次提出了"数字大脑"计划，即在各行各业帮助客户建立自己的"数字大脑"，通过数字化技术提升效率和效益。我一直有一个观点，就是数字化转型的根本目的是提升效率、降低成本、提高盈利能力，如果不以此为目标，则都是花拳绣腿，都是无效的。

"打铁必须自身硬。"为了提升新华三自身的管理水平和效率，也为了打造一个有一定规模的复杂场景案例，我们从3年前开始了自身的全场景数字化变革，涵盖了研发、生产、制造、市场、销售、财经、技服、供应链、品牌、人力资源、合规、法务、行政和园区管理的方方面面，下决心彻底用数字化的手段来管理一切，杜绝"拍脑袋"、凭经验、凭感觉的决策方式，简化流程，提高效率。本书详细记录和描述了我们在各个方面的思考、探索和方法，取得的经验和教训，真实展现了一个员工近2万人、收入规模超500亿元大型企业数字化变革的全景图，以期对大家能够有所帮助。

当前，人工智能领域的科技创新与进步已经推动我们进入了AIGC（生成式人工智能）时代，在我看来，第四次工业革命已经拉开了序幕。在我写这篇序言的晚上，OpenAI再次发布了GPT-4o。短短一年多的时间，以大模型为代表的AIGC已经进行了数次大规模的颠覆性迭代，令世界震惊。人工智能的爆发，给我们正在进行的数字化变革带来了新的动力和想象空间，新华三也从2023年开始全面拥抱AIGC，提出了进一步深化新华三产品和解决方案内嵌AI（人工智能）能力的"AI in All"战略（新华三在2020年首次提出"AI in All"战略），以及赋能百行百业AI化的"AI for All"战略，新华三内部的数字化变革也在全面应用AI，并取得了不错的成绩，或许在2025年合适的时候，我们再来与大家分享AIGC场景下新华三的数字化变革之路，我相信也一定会给大家带来不一样的感受。

在此书付印之际，我非常感谢新华三人才研学中心（原新华三大学）的张涛、李毅、王伟同学，以及我的助理王明超同学，他们在业余时间为此书的成稿做了很多素材收集和文字整理工作。新华三集团的全体高管和同事，在过去8年输出的思想和实践，也是本书内容的重要源泉。我们是一个永远向上、快乐、充满激情的团队！我们会永远坚信我们的企业文化，信守我们的价值观，运用数字化技术，将新华三打造成为一家令人尊敬，员工引以为豪，引领科技进步，富有创新和人文精神的世界级高科技企业。

于英涛

2024 年 5 月 13 日于杭州

前　言

新华三集团发展至今，有 3 个鲜明的特点：始终面临重大挑战，始终确保战略正确，始终保持强劲增长。自 2016 年成立以来，新华三集团取得了令业界瞩目的成绩，截至 2023 年底，其收入规模是 2016 年的近 3 倍，利润实现翻番，已经发展成为中国新一代信息通信领域的领军企业。

我常问自己一个问题：除了国家的繁荣、时代的机遇、产业的兴盛，作为一家企业，要做对哪些事情才能确保企业行稳致远、基业长青？围绕这两个目标，新华三集团做对了什么？有什么可以拿来与大家分享的？

新华三集团是由本土企业杭州华三与知名外企慧与[①]中国区整合而成的高科技企业，两个团队在企业文化、流程制

[①] 慧与是惠普公司拆分后 Hewlett Packard Enterprise（HPE）公司的中文名称。

度等方面存在巨大差异，将两个文化、制度、理念截然不同的团队有机整合在一起，风险是巨大的，放眼全球，成功的案例并不多。我坚信，优秀的企业文化是公司高质量可持续发展的重要基石，因此我们充分发挥惠普公司"惠普之道"与杭州华三"狼性文化"的优势，总结提炼出了新华三集团"领航者文化"，倡导"客户、创新、激情、共赢"的核心价值观，以及"做事：讲常识，合逻辑，遵循市场规律""做人：守诚信，有担当，坚守知行合一"的行为准则。朴实的企业文化，进一步凝聚了品牌、产品和销售合力，并有效激发了组织潜力，为新华三集团后续的快速健康发展奠定了坚实的基础。

同时，作为数字产业化的深度参与者和领军者、产业数字化的重要赋能者，经过多年的深耕与布局，新华三集团形成了覆盖"云—网—安—算—存—端"的全栈数字化基础设施布局，实现了从一家"ICT基础设施提供商"向面向百行百业应用的"整体解决方案提供商"的转型，确立了"数字化解决方案领导者"的定位，迈向了数字化时代更广阔的赛道。

企业的变革之路往往伴随着各种挑战，我非常荣幸能够与新华三集团的诸多同仁并肩奋斗，共同探索企业的高质量可持续发展之路。我们认为，企业文化重塑与数字化变革是企业搏击沧海、奋力进取的"双桨"：企业文化的重塑，从思想和组织上引领了数字化变革，而数字化变革的推进也保障了企业核心价值观的坚守与落地。

在本书中，基于我们对变革的实践，我思考并尝试回答了以下问题，并以此和大家分享新华三集团的企业文化重塑与数字化变革之路，希望在规划转型战略、推进数字化变革等方面，能够为企业管理者提供一些可借鉴与参考的建议。

- 新华三集团的变革从哪里起步？
- 新华三集团为什么首先进行文化重塑？
- 文化重塑和数字化变革的关系是什么？
- 为什么数字化变革是"一把手工程"？
- 为什么文化重塑是数字化变革的灵魂？
- 为什么要建设新华三集团自己的"数字大脑"？
- 新华三集团的数字化变革是如何推进的？
- 如何突破变革的内外障碍？
- AIGC 时代的数字化变革之路如何走？
- 关于企业未来的数字化变革，对管理者有哪些建议？

本书是从我与惠普前 CEO（首席执行官）梅格·惠特曼的对话开始的。基于慧与和杭州华三两家企业的不同成长背景，我首先确立了新华三集团成立之初的核心任务，即快速、有效地推进两个团队的整合，同时保持队伍的稳定和业绩的持续增长。在应对整合过程中面临的诸多挑战的同时，也为重塑新华三集团企业文化和推动数字化变革打下了坚实的基础。

第二章阐述了企业文化的重要性。优秀的企业文化是公司的灵魂，是公司长期高质量可持续发展的重要基石与保障。在数字化时代，企业核心价值观的有效践行与落地，需要利用数字化技术和手段，重塑乃至颠覆既有的流程，进一步提高效率、降低成本、提升企业的核心竞争力。在这一过程中，企业的"一把手"发挥着至关重要的作用。

第三章介绍了我们在重构运营模式、提升客户体验、创新商业模式等方面的数字化变革实践，包括数字化人力资源、数字化差旅管理、数字化反腐败、智能投标、智能运维、新华三商城、数字化研发、数字化供应链、新华三未来工厂等。同时，全面展示了新华三集团自身"数字大脑"的架构、应用、效果及未来的演进方向。

第四章阐述了如何在变革中实现突破，重点审视了思维定式的影响，以及如何采取必要的手段来打破思维定式，实现全员的思维突破。

第五章展望了在 AIGC 时代，企业数字化变革的未来之路，并分享了一些个人的思考与建议，以供读者参考。

第一章

变革的缘起

一、一次关键的对话

2015年7月的一天,我又一次登上了飞往美国西海岸的飞机,此行的目的地是位于帕洛阿尔托市的惠普总部。在那里,我与惠普前CEO梅格·惠特曼进行了两个多小时的交谈。在此次交谈之后,我的职业生涯便与一家新成立的公司联结在了一起。

这家新成立的公司就是新华三集团。它由杭州华三和慧与中国区合并而成。当时,我对惠普比较熟悉,但对杭州华三这家企业了解得不多,于是我专门对杭州华三做了一些调研。令我感到惊奇的是,我曾在中国联通浙江省分公司工作时的办公楼,竟然与杭州华三共同位于杭州市滨江区的滨安路上，只是之前没有注意过这家企业。和华为、中兴等与运营商合作密切的大企业相比，杭州华三 5 000 多人的规模和 100 亿元销售额的体量相对较小，但我认为它是一家"小而美"的企业。

之所以这么说，一方面，是因为杭州华三虽然在成立之后经历了多次股权变更，但并没有因此沉沦，反而一路走来不断发展壮大；另一方面，100 亿元的销售额虽然不算高，但利润率却非常高。这意味着除了优秀的企业运营管理能力，它还拥有深厚的技术积淀与一批优秀的研发人员和市场人才。早在 2009 年，杭州华三在企业网领域的市场份额就已经超越了思科，登上了中国市场第一的"宝座"，[1] 并且在此后的 10 余年里始终名列前茅。

在惠普硅谷的办公室与惠特曼初次见面时，她展现出深沉内敛且言语平实的风格，还送给我一本她的书——《价值观的力量：全球电子商务教母梅格·惠特曼自传》，并在扉页上为我写了寄语（见图 1-1）。实际上，在这次行程之前，我

---

[1] 驱动之家. 连续 13 年领航中国企业级 WLAN 市场 新华三一季度再折桂冠［EB/OL］. https://baijiahao.baidu.com/s?id=1736390728241505373&wfr=spider&for=pc，2022-06-23.

就已经读过她写的这本书了。惠特曼不仅是一位卓越的企业领导者，更是一位品格高尚的人。她在书中讲述了自身的商业经历以及在eBay（易贝）公司培育的价值观。正是这些价值观，帮助她演绎了一个非常成功的传奇故事，也帮助她缔造了一个强有力的消费品牌。对于正直、负责、真诚和勇敢这些极为重要的价值观，她并非只是泛泛而谈，而是在生活和事业中身体力行。她所领导的重大创新变革、做出的艰难决策，以及满腔热情地投身于其中的非常有意义的事业，所有的一切都基于一个共同的价值观。

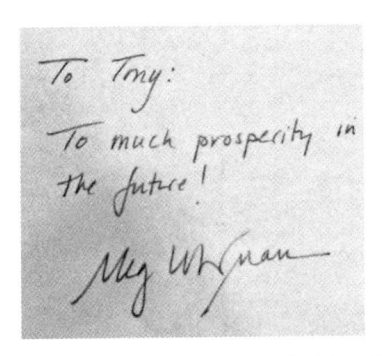

图1-1 惠特曼在《价值观的力量：全球电子商务教母梅格·惠特曼自传》扉页上写的寄语

注：寄语内容为"致托尼：祝我们的未来更加成功！——梅格·惠特曼"。托尼（Tony）为作者英文名。

此次交谈的目的是惠特曼为即将成立的新华三集团确定

CEO人选，做出最后的决策。所以，惠特曼就她最关心的几个问题询问了我的看法。

惠特曼问我的第一个问题是关于我的背景和职业经历的。在听完我的介绍后，她说："在本次见面前，我已经让我的团队从互联网上收集了你所有的公开演讲材料和视频资料，我们经过分析得出的结论是，你是一个从中国国有大型企业成长起来的、具有敏锐市场意识的少有的人才，也是一名出色的企业家。[①]此前为了实现惠普在中国市场的新战略布局，寻找未来新华三集团的CEO人选，我们已经面试了十几位候选人，你是最后一位，但也是我和董事会最认可的一位。我非常期待你的加盟。"

惠特曼的第二个问题是我如何看待未来跨国企业与中国本土科技企业的竞争，我从以下两个层面阐述了自己的观点。

首先，1978年中国实行改革开放后，世界著名的跨国公司纷纷进入中国市场，其中惠普于1985年在北京成立了中国第一家中美合资的高科技企业。这些跨国公司对于加速中国改革开放进程、促进经济发展和提高人民生活水平，都发

[①] 这里惠特曼的话可能只是对我的礼节性恭维。

挥了巨大的作用。同时，这些企业成熟的管理理念和方法论，也为中国培养了大量的企业管理人才，促进了中国本土企业的转型升级、快速前进。

其次，2013年发生的"斯诺登事件"，引起了世界各国对国家安全、数据安全、技术安全和供应链安全等问题的警醒和思考，各国政府都开始更加重视信息安全的建设和管控。在这一背景下，跨国高科技公司如何及时调整在各个国家的发展战略，适应属地国家对信息科技安全的要求就成为一种必然。在当前情况下，惠普果断决策，将在中国的两个独资企业进行整合，同时出让第一大股东的地位，引进具有国资背景的战略合作伙伴，成立中美合资公司，以适应全球形势的变化，这是一个非常明智的选择。

惠特曼对我的看法表示认同，她是美国著名的对华非常友好的企业家，这也有其家族的基因。惠特曼的母亲玛格丽特·惠特曼20世纪70年代在中国的旅行经历被拍摄成了一部纪录片《半边天：中国记怀》，该片还获得1975年度一项学术奖提名。在以后的岁月里玛格丽特·惠特曼先后来到中国80多次，为中美的国际交流与合作做出了突出贡献。惠特曼一直关注和支持企业在中国的发展，从她一手带大的eBay

到全球最著名的IT（信息技术）航母惠普，在过去的几十年中，她都把中国市场战略放在非常重要的位置，顶峰时期，惠普在中国的员工达到2万人，中国市场晋升为继美洲、欧洲、亚太三大区后的独立第四区。[①]惠特曼是一个非常擅于审时度势和创新突破的人，当看到全球形势变化、中国技术进步、新生力量崛起，以及民营企业竞争力快速提升时，她认为惠普必须做出相应的转变来适应这一形势，而由独资经营转为合资经营，就是惠普在中国长期战略的一个必然选择。

惠特曼的第三个问题是如果由我接手新的合资公司，我最关注的是什么，并会做出怎样的改变。她之所以提出这个问题，主要是担心在两个完全不同企业文化熏陶下的团队可能很难快速整合，导致队伍不稳定和骨干人员流失，进而影响企业的业绩。她谈道，自2009年4月惠普全资收购3Com公司（以下简称3Com）后，就一直考虑要将中国的两家独资公司合并，但6年过去了，惠普始终没有信心进行彻底整合。2015年2月，为了准备在中国实施新的组织和业务战略，惠

[①] 以前中国市场是属于亚太区的，惠普在当时做的重要决策就是单独设置中国区，在地位上与亚太区平级。中国区的主管直接向CEO汇报，不再向亚太区的主管汇报。

普进行了相应的人事调整，但不仅没有达到预期的效果，反而引发了员工的激烈反对。

我短暂思考后对惠特曼说，我要做的第一件事是肯定两家公司过去的成就和辉煌，尊重它们的文化基因。两家公司发展到今天，之所以都很成功，在很大程度上得益于它们各自的基因。我们不仅不能忽视这些基因的价值，而且需要将其优势充分发挥出来。

我要做的第二件事是将两家公司迅速整合，以符合中国市场实际为基础来推进相关工作。中国惠普和杭州华三都是非常优秀的企业，但也面临着不同的困难。随着中国本土企业的崛起，中国惠普不再像以前那样具有明显的差异化技术优势，而且当下的市场策略和机制，是否能够有效适应中国的国情也是值得深思的。杭州华三虽然过去有非常优秀的表现，但也面临着传统巨头和新生力量的多重竞争压力，如果没有转变和创新，则很难继续保持快速增长的势头。我曾在1994年担任过加拿大贝尔集团在中国合资公司的董事长，具备管理跨文化企业的经验，对文化差异有深刻的体会。我的逻辑是迅速整合队伍、文化、制度和流程，以统一的思想、文化、制度和流程快速提升企业的市场地位。

我要做的第三件事是加大研发投入。我们需要充分发掘新公司在技术上的优势，加大投入，提升竞争力。首先，要继续保持在网络领域的领先地位；其次，在IT领域，要继续做好HPE品牌产品的销售和推广，充分发挥自身优势，推进新华三集团自研服务器、存储等产品的开发，以满足中国市场的需求。未来，我们还将结合云计算、大数据等技术的发展，加快从单纯的硬件设备制造商向"整体解决方案提供商"转型，进一步提升新华三集团的竞争力。

这是一次历时两个多小时的深度对话，让我进一步厘清了未来管理好新华三集团的思路。惠特曼基本认同我的观点，同时表示惠普和新公司董事会将全力支持我的工作，希望我能够增强信心、有效应对各项挑战，把新华三集团的业绩带到一个全新的高度。

二、业界的典型难题摆在眼前

在与惠特曼会面之后，我陆续和慧与的几位高管进行了为期两天的会议与交流，充分了解了他们对新公司的期盼和顾虑。同时，我还参观了惠普几个著名的实验室，拜访了惠普不久前收购的网络公司HPE（Aruba），就杭州华三的网络设备出口美国事宜，与其创始人兼CTO（首席技术官）和CEO进行了沟通。之后，我和太太在美国进行了一次轻松的短期旅行，这是我的第二次美国西部之旅，其间从旧金山沿美国著名的1号公路一路自驾，途经西雅图、旧金山、洛杉矶、圣地亚哥等城市，美国最具代表性的高科技公司如微软、波音、亚马逊、惠普、苹果、谷歌、思科、脸书（现更名为元）、博通、迈威科技（现更名为美满电子科技）、美光科技、甲骨文、高通等，全都聚集在这条公路上，1号公路所联结的科技、创新、激情，风光旖旎的大海、恬静自然的村舍和牧场，以及200多年历史的传统钢铁厂、水泥厂、小镇、古堡，构成了一幅和谐自然、令人难以忘怀的美丽画卷。每次走这条路线，我心里都充满了激情与梦想，深切感受到了美国的科技进步与创新精神。

回国后，我便开始准备迎接新挑战。在我面对的所有难题中，首先需要解决的就是外企团队如何与本土企业团队融合。接下来，我们将简要回顾一下惠普与杭州华三两家企业的发展历程，从中可以看出各自不同的基因和特点。

众所周知，惠普是由斯坦福大学的两位博士创建的。

1938年，戴维·帕卡德和威廉·休利特在斯坦福大学附近的一间车库里研发出了第一个产品——200A音频振荡器。随着这个产品的研发成功，1939年1月1日，休利特和帕卡德正式签署合伙企业协议，并用掷硬币的方式决定将谁的姓氏放在前面。休利特的运气不错，合伙企业被注册为Hewlett-Packard公司。[1] 随着惠普的快速成功，越来越多的高新技术企业进驻斯坦福研究园，最终形成了闻名于世的硅谷。他们创业的那间车库，也在1987年被加利福尼亚州政府正式命名为"硅谷诞生地"。

1978年，中国拉开了改革开放的序幕，这为惠普进入中国创造了条件。在中国政府和基辛格的共同推动下，惠普时任总裁兼创始人帕卡德于1979年到访中国，推开了中外合资办企的大门。1981年11月，惠普在北京无线电第一厂五楼设立了中国惠普技术服务处，之后于1985年正式成立了中国惠普有限公司，这也是第一家中美合资的高科技企业。惠普带给中国的不仅有高科技产品与服务，还有基于其经营管理

---

[1] 砺石商业评论.惠普成长史：没有惠普，就没有蓬勃发展的硅谷［EB/OL］. https://tech.sina.com.cn/zl/post/detail/it/2016-09-18/pid_8508527.htm，2016-09-18.

实践总结出的"惠普之道",其中的管理哲学和企业文化理念成为中国第一代科技企业学习借鉴的典范,为中国培养了大量的管理人才。

在惠普的发展史上,经历了两次大规模的拆分。第一次是1999年惠普将医疗和测量仪器部门拆分出来,成立了安捷伦科技有限公司,惠普则专注于信息产业。第二次拆分则是由惠特曼领导并在2015年完成的,此次拆分将惠普一分为二变成两家独立的上市企业:一家是主营PC(个人计算机)和打印机业务的惠普公司(HP Inc.),另一家是提供企业硬件与服务业务的慧与(HPE)。惠特曼在拆分惠普后出任慧与的CEO,那一次与我两个多小时的会谈,就是在完成拆分后不久发生的。

相比于全球科技巨头惠普,杭州华三的发展历程不长,但却更加曲折。2000年华为在成功进军美国市场后,希望通过与著名企业合作的方式来迅速获得分销优势。而此时的3Com面对思科的强势竞争,也希望通过资本运作来实现业务和技术的提升。于是,3Com主动推动了双方的对接,2001年下半年派人到深圳与华为接洽。2003年1月22日,思科在美国法院起诉华为侵犯其知识产权,华为在与思科和解谈判无果的情况下，只能被迫应对司法诉讼，而此次突发的事件也进一步夯实了华为与3Com合作的基础。3Com的时任CEO布鲁斯·克拉夫林作为战略合作伙伴力挺华为，出庭做证，华为与3Com也对外正式宣布即将成立一家合资公司。之后3Com的时任CEO向法庭出示了一份报告，说明3Com与华为一起做了为期8个月的双向认证，因此他坚信华为是拥有自主技术的公司。最终华为与思科在2004年下半年达成和解，至此这场"世纪诉讼"终于落下帷幕。

2003年11月，华为与3Com合资的新公司华为3Com技术有限公司正式成立，总部落户在杭州。3年后，也就是2006年11月，3Com和华为按照最初的约定相互报价，最终3Com报价更高，赢得收购权。于是在2007年4月27日，华为3Com技术有限公司正式更名为杭州华三通信技术有限公司，企业标志也从"华为3Com"改为"H3C"，正式告别了华为时代。

3Com之所以愿意投入巨大的精力和财力来获得杭州华三，是因为3Com虽然是以太网发明人鲍勃·梅特卡夫创办的企业，但在发展过程中，出于种种原因而错失了网络通信领域的领导地位。面对思科的竞争，3Com最大的短板是核心技术优势的缺失，所以极其看重杭州华三的技术积累和优势。

自改革开放以来，中国企业与国外企业合作的策略，很多是以广大的中国市场空间来吸引国外企业在技术和资金方面的投入。但3Com对华为3Com的全资控股，则是开了ICT领域中国企业以技术实力赢得国外市场及投资的先河，也为杭州华三重视研发、强调技术领先奠定了基调。此后，虽然华为曾试图全资收购3Com，但出于地缘政治等种种原因而未能达成。

2009年4月，惠普对外宣布以27亿美元收购3Com。惠普在对外声明中说，"本次合并将使惠普在中国获得一个富有才华的大型研发团队，推动惠普网络基础设施解决方案的加速创新"，这里所说的"大型研发团队"就是指杭州华三。

2015年5月，惠普对外宣布与紫光集团达成协议，由紫光集团下属子公司紫光股份持有51%的股权、慧与持有49%的股权，组建新华三集团。新华三集团由原惠普在中国的两家全资子公司组建而成：杭州华三专注于网络、无线、安全等产品，而紫光华山科技有限公司则是由惠普中国区的团队构成，专注于服务器、存储及技术服务。

2016年5月6日，新华三集团在北京钓鱼台国宾馆举行了盛大的成立大会。业界对于集团的成立可谓见仁见智：有人认为，新华三集团是中国ICT产业界的一支新生力量，能够在未来的市场竞争中发挥更大的潜力，是中美企业合作又一新的篇章；也有人对两家公司的组织、队伍、业务能否实现有效整合持有很大疑虑，认为未来发展还存在很多障碍。有些研究者认为，两家企业在运营和管理上需要较长的时间进行磨合，甚至在此过程中无法避免人员流失的问题。业界之所以会有这样的声音，主要是因为之前很少有将两个文化、制度、理念差异巨大的公司整合到一起的成功案例，而且惠普曾经尝试的一次整合也以失败告终，[1] 在其员工心中留下了较为消极的印象。因此，对我而言，将两种不同文化、不同

---

[1] 2009年惠普收购3Com后，在中国市场上一直是中国惠普与杭州华三两个实体独立运作的状态。惠普管理层并非不想进行整合，只是对整合两个文化背景完全不同的企业缺乏足够的信心。因为惠普已经决定将在中国的两家子公司打包成为一家新公司——新华三集团，并向中方出售51%的控股权，所以必须提前融合两家公司的管理层。2015年1月，惠普管理层任命惠普中国区董事长毛渝南兼任杭州华三董事长，启动杭州华三与中国惠普的整合，然而这一举动招致了杭州华三管理层的强烈反对，并由此引发了几千名员工于同年2月14日起在杭州总部举行的一场持续一周的"罢工"活动，最后造成了杭州华三部分高管和团队出走的"哗变"事件，导致杭州华三的发展受到了一定阻碍。

制度、不同工作理念的队伍快速地进行整合，就成为极具挑战性的工作。

三、整合之路与业绩的 V 形反转

新华三集团成立后，原中国惠普有限公司总裁和原杭州华三总裁继续担任新华三集团的执行副总裁，同时继续带领各自的团队独立运营。在与他们的沟通中，两位高管均表达了相同的观点，即为吸取杭州华三上一次整合风波的教训、保持两家公司的健康稳定发展，两家公司需要继续各自独立运营一段时间，可以在两年以后再谈整合的问题。他们之所以有这样的共识，一方面是因为大家都认为两家公司的基因不同，融合难度太大；另一方面是因为他们仍希望以自己所习惯的方式管理业务。我尊重他们的意见，也接受了他们的建议，首先将主要精力放在了集团的管理上。但同时，我从形成集团合力的角度提出一个建议，要求两家公司的团队交叉销售对方的产品，也就是要求杭州华三的团队具备销售服务器、存储等产品的能力，而惠普的团队也要具备销售网络设备的能力。我希望首先以相对温和的方式，来推动两个团队在市场体系中的融合，同时根据过程中暴露出的问题明确下一步工作策略。

在此后的两个月里，我在月度生产经营分析会上，重点关注市场体系的变化以及遇到的问题，但是成果却难以令人满意。现实情况是两个团队之间不但没有发生实质性的改变（彼此之间没有开展任何有效的协同与配合），而且更为严重的问题是，在客户侧也各自独立地开展营销工作，于是就出现一家公司的两个团队分别到同一个客户那里拜访交流、售卖各自熟悉的产品和解决方案的情况，交叉销售几乎没有成效。同时，这也给客户带来了很大的困扰，这显然是不能接受的，是对市场拓展资源的严重浪费。于是我提出必须迅速把两个销售团队整合成一支队伍，以此来拓展新华三集团的销售覆盖面，改善客户体验。我坚信只有这样，才能形成一个统一高效的团队，以有效应对市场的竞争与挑战。因此，加快形成品牌、产品、销售合力，"一致对外"，是公司做出的果断决定，我定下的目标是在2016年12月31日前完成公司的彻底整合。

为此，我在公司内部专门设立了整合办公室来推动各项工作的落实。那么，由谁来担任整合办公室的负责人，就成为接下来最重要的问题。经过与管理团队的充分沟通，最终我选择了新华三集团高级副总裁（原杭州华三高级副总裁）陈青担任整合办公室主任。陈青是一位非常杰出的女性，她在华为从交换机研发工程师做起，后来完成了从技术人员到销售人员的转变。同时，陈青作为原杭州华三国际业务部总裁，在推动公司海外业务走向国际市场的过程中，也做出了突出贡献。陈青作为杭州华三的创始团队成员之一，在公司内部有着很高的威望，因此在与杭州华三高管的沟通中发挥了至关重要的作用。她最大的优势就在于不仅对技术非常了解，还具备宽广的国际视野，以及对外企文化与模式的深刻理解。在整合过程中，她的能力得到了充分发挥，不仅能够在各方的争论中快速确定问题，而且能够非常耐心地沟通。大家都认为她是一位公平、公正的领导者，具有坚定的决心和果断的作风，能够很好地处理各种纷繁复杂的问题。实践证明，她是我在正确的时间选择的正确的人，非常高效地配合我推动了全面且深入的整合工程。

在不到6个月的整合期里，我们开展了大量的调研工作。两家公司在财务制度、销售制度、差旅制度等方面都有自己的体系，且都已成功运行多年。因此，我们面对的第一个问题，就是在整合之后应该如何进行选择。双方管理层在会议上都强调自己体系的优势。为此，我在办公会上提出了一项整合的基本原则：讲常识，合逻辑，遵循市场规律，这项原则后来成为新华三集团企业文化中做事的核心原则。在推动企业文化与制度的整合过程中，这项原则始终发挥着关键作用。为此，我们逐一列出各项流程、制度等，然后根据中国市场的特点、客户需求、中国企业的管理特性等进行分析与比较，从中选择最符合中国市场实际的机制和要素，最终确定为整合后的统一流程、制度。

以组织架构为例，中国惠普和杭州华三存在很大的不同。中国惠普的架构是管理部门、行业专家等集中在北京总部，而销售和售前则集中在上海、广州、成都、西安和沈阳等大区公司，分别覆盖华东、华南、西南、西北和东北等区域。杭州华三的市场体系虽然也有总部、大区的设置，但其是以省会城市为基础的，在一些重点发达城市设立代表机构，以47个代表处覆盖整个中国市场。通过梳理，我们认为杭州华三的"总部行业事业部＋各省代表处"的矩阵模式，更加符合中国市场实际且贴近客户，所以决定放弃中国惠普的大区制，推行纵横结合的矩阵式市场销售体制。纵向按照政府、运营商、互联网、金融、教育、交通、电力能源、医疗、企业等设立10个事业部，横向以省为区域设立集团代表处。

最终，在2016年12月1日，新华三集团彻底完成了两支队伍的合并，实现了人、财、物的全部统一。然而，公司的整合之路并非一帆风顺，阵痛期旋即到来。整合完毕后，出于文化、制度、情感等原因，叠加公司采取了相对宽松的"N+3"离职补偿政策①，约有800人选择了离开，其中大部分是中国惠普的员工。回顾这段历史，我想最大的原因，可能是外企员工对新公司未来文化和管理方式的不确定性心存疑虑甚至是恐惧。在这近800人中，很多是年富力强的企业骨干和精英力量，他们的离开使公司的业绩在短期内出现了一些动荡。2017年第一季度，慧与服务器与存储产品的销售业绩出现了明显下滑，相比2016年第四季度业绩下滑超过了15%。慧与认为，这是整合工作力度过大导致的，因此派出以新华三集团董事长常云龙（Arun Chandra）为代表的10余人的团队，从旧金山来到北京进行沟通交流，了解情况，同

---

① "N+3"离职补偿政策，即企业在员工离职时，按照员工实际工作年限及薪资水平向其支付相应的补偿费用。其中，N表示员工实际工作年限，3表示补偿年限。

时对公司的发展表达了担忧。在为期两天的会议中，双方围绕队伍建设、渠道建设、业务发展、研发投入等展开了激烈的讨论，甚至是争辩，场面一度十分火爆，最后不欢而散，原定在第一天的欢迎晚宴也因此取消。但面对当时的困难局面，我和团队据理力争，我们坚信，这次整合是符合中国市场实际的，困难只是暂时的，只要我们坚持和努力，公司的业绩终究会回归正轨。

我们认为，慧与服务器和存储产品的竞争力是为业界所认可的，面对业绩的下滑，应该在原有的营销体系中加入新的生力军。而杭州华三的市场体系在市场能力、执行力和客户关系等方面，已经具备优秀的团队能力，只是始终没有开展有效的融合，导致其潜力未被激发出来。于是，为了扭转业绩颓势，我们采取了一系列有针对性的举措，其中包括KPI（关键绩效指标）牵引和大力度的员工赋能。通过KPI牵引和节奏控制，有效激发了杭州华三市场体系的活力和潜能，为IT产品注入了强大的攻坚力量。而产品线的骨干人员也马不停蹄地穿梭在几十个城市之间，通过多次培训赋能让销售和售前团队快速了解IT产业的发展趋势，理解IT产品的特性并掌握方案设计、拓展节奏把控等方面的技能，从而实现了产品能力与市场能力的最佳结合。很快在 2017 年第二季度，慧与服务器和存储产品的销售业绩就实现了大幅回升，呈现了一个漂亮的 V 形大反转，相比 2017 年第一季度实现了环比 63% 的增长。此后，服务器和存储产品的销售业绩始终保持着快速增长态势，不仅消除了慧与管理层的质疑，还为后续新华三集团自研产品的成功打下了坚实的基础。

四、三年后的回望

2019 年 5 月 6 日，当新华三集团迎来成立 3 周年纪念日时，销售收入已经较成立之初增长了 70%。同时，从整体业务布局看，新华三集团已经从一家纯粹的"ICT 基础设施提供商"，快速转向了"整体解决方案提供商"。在这 3 年里，新华三在云计算、大数据、应用驱动网络、物联网、信息安全、人工智能、统一运维等领域均取得了显著进展，并且重磅发布了"数字大脑"计划，这一计划的提出，是新华三集团向"整体解决方案提供商"加速转变的重要标志。

回顾 4 年前与惠特曼的交谈，我当时说接手新华三集团后有两项重点工作：一是迅速完成企业整合，进一步凝聚品牌、产品和销售力量；二是加大研发投入，持续提升企业的核心竞争力。企业整合的一个重要成果就是实现了企业文化的重塑，总结提炼出了"领航者文化"；而加大研发投入的代表性成果则包括自研服务器的成功等。

2019年第二季度，根据市场研究机构IDC（国际数据公司）的数据，新华三集团在中国服务器市场所占份额排名第2，而在2017年第一季度，我们的排名曾一度下滑到了第7。能够在这么短的时间内实现市场份额排名的快速上升，自研服务器功不可没。第一，我们坚持以技术创新为引擎，秉承"把产品做到极致，把解决方案做到最优"的理念，以匠心精神打造差异化产品和高端品牌，产品一经上市便在诸多行业得到广泛应用，并获得用户一致好评。第二，早在2014年，杭州华三的研发团队就开始启动服务器产品的研发投入。在此过程中，惠普研发专家全面分享了服务器产品的开发流程、设计经验和市场运作经验，使杭州华三初步掌握了服务器设计的基本技能，也为新华三集团推出自研品牌H3C服务器积累了人才和经验，新华三集团成立后，进一步加大了研发投入，并在社会上招聘了大量的研发精英，在短短半年时间内就推出了拥有完全自主知识产权的H3C服务器。第三，新华三集团拥有计算、存储、网络、安全等全方位的数字化基础设施整体能力，并在这些领域均处于市场领先地位。通过完整的产品组合，打造出业界领先的一站式数字化解决方案。产品与解决方案相互融合、相互成就，也是服务器业务实现快速增长的重要原因。我们提出了服务器创新与发展的"至简、至信、至慧"理念，以"至极之道"为用户打造极致的产品体验：在管理、部署、运维等维度化繁为简，基于统一运维、弹性敏捷变更以及主动智能服务等更深入的人性化设计，为用户提供"至简"体验；在安全和可靠性上，将高可用、高品质和高安全性的产品交付用户，通过主动安全保护、预警及引擎修复等方式，为用户打造"至信"的业务部署平台；在智慧计算上，通过丰富的行业经验及技术背景，全方位赋能智慧计算，以"至慧"的架构为用户提供 AI 计算的基础。

在这 3 年里，数字经济呈现迅猛发展态势，数字化转型日益成为推动产品、业务、商业模式创新与重构的关键要素。为此，我们加快了重塑新华三集团品牌与能力的步伐。如果说一家企业的成功，企业文化是主观要素，那么企业的能力则是客观要素。我们已经不再是单纯的 ICT 厂商或综合基础设施供应商,这些是我们"看家的本领",但在当时的市场趋势下也只是生存的基础。要想发展得更好,就要把目光放高放远,看清形势,认清挑战。为此,我们将品牌定位从"新IT解决方案领导者"提升为"数字化解决方案领导者"。同时,我们的"能力集",无论是技术、产品还是解决方案,都要有全面的提升,只有这样才能真正匹配新的品牌定位,更好地服务于百行百业的数字化变革实践。

一方面,作为管理创新的重要举措,我们正式建立了"首席产品经理制度"。每条重要的产品线均设有首席产品经理,公司在市场、人力、财力、研发、供应链等各个层面,给予其足够的权力,使他们可以端到端地全面负责产品的全生命周期运作。同时,对产品的市场需求、差异化、成本、质量、综合竞争力、销售策略与服务维护等,进行全方位把控,实现"责权利"挂钩。最终的目标,就是要把硬件以及与之密切相关的软件产品做到极致。

另一方面,我们成立了新的解决方案部,以新华三集团自身的能力为主,聚焦于基础架构层面,负责提升公司整体的解决方案能力。解决方案部将以更宽广的视野,在各产品线之上,统筹新华三集团的跨产品线解决方案设计、管理与维护，并且是新华三集团面向客户、跨产品线解决方案的唯一接口，以便快速响应一线的需求。

总之，我们通过积极布局，更好地顺应了云计算、大数据、人工智能等新兴技术推动下的行业数字化转型需求，加速从一家"ICT基础设施提供商"，转变为面向百行百业的"整体解决方案提供商"，推动新华三集团这艘巨轮驶向了数字化时代更为广阔的航道。

第二章

变革的思考

对于任何一家企业而言，变革都是一条充满挑战的荆棘之路。其最大的难点在于每个人都要走出自己的舒适区，去适应产业发展、行业竞争所需要的思维、技能以及工作模式的改变。随着变革进程的深入推进，企业的核心竞争力也在不断重塑、提升，因此我们需要进行全局思考、综合布局，做到文化重塑与数字化变革两手抓，以期实现企业竞争力的持续进化与提升。

一、如何实现文化重塑

新华三集团的核心竞争力与发展潜力源自其对技术创新和管理创新的不断探索。在技术创新方面，新华三集团始终保持高比例的研发投入，在核心技术上进行饱和攻坚，并取得了累累硕果。截至 2023 年 12 月底，新华三集团累计申请专利接近 14 500 件，其中 90% 以上为发明专利，连续 10 年荣列浙江省高新技术企业创新能力百强榜首，连续 11 年位居浙江省发明专利授权第一。同时，新华三集团也是国家高新技术企业、国家规划布局内重点软件企业、知识产权示范企业。

在管理创新方面，新华三集团聚焦于管好"人"和"事"。我的信念是"先做人、再做事，事在人为"。"人"的重要性不言而喻，而对"人"起关键作用的就是企业文化建设。

优秀的企业文化是公司高质量可持续发展的重要基石。我们要以优秀的文化、正确的价值观，为企业基业长青打好基础。企业文化体现了企业的基本价值观，我们认为，"强大"不应仅仅体现在体量上，更应体现在世人的尊重与认可之中。我们立志将新华三集团打造成一家令人尊敬，员工引以为豪，引领科技进步，富有创新和人文精神的世界级高科技企业。

（一）文化重塑的模式选择

每家公司都有自己的企业文化，有的企业文化具有理论基础和成文规定，如新华三集团的"领航者文化"，有其行动纲领、共识和行为准则；而有些企业虽然没有明确的文化体系，但也有其潜在的文化体系。企业发展阶段不同，企业文化发挥作用的方式也不同。新华三集团虽然从成立至今仅走过了8年的发展历程，但并不存在创始人文化，究其原因就在于新华三集团是由两家已经发展成熟的企业合并而成的。"企业文化理论之父"埃德加·沙因在《沙因文化变革领导力》中探讨了文化合并的四种模式：

- 分离（separation）：在完成工作任务时，一种文化中的成员无须与另一种文化中的成员展开互动。这种情况常见于一些大型企业，可以允许附属公司继续保留各自的文化。如果不同企业文化能够协调一致，那么这种分离模式就是适用的；但当拥有不同文化的企业合并或合资时，这种分离模式将变得很难实施。
- 统治（domination）：一种企业文化主导另一种企业文化。在一家企业公开收购另一家企业的情况下，这种主导模式将会非常明显。

- 融合（blending）：合并后的组织汲取两种文化中的"精华"元素，即吸收每家企业文化中最优秀的成分，从而创造一套新的、叠加的价值观点，并将其推广至所有的文化单元。
- 冲突（conflict）：两种文化出现竞争态势，都试图证明自己优于对方。文化间的冲突常被人们视作"权力游戏"或"政治"，持冲突观点的往往不是文化本身，而是管理者。

虽然组成新华三集团的两家公司在市场份额、竞争能力和技术积淀上都有较高的声望，但它们的企业文化、价值观、行为准则和做事风格却有很大的差异，进而形成各自不同的管理模式，这种风格迥异的文化，在一定程度上影响了组织效率和协同性。但我们不能因为前述不足而武断地否定文化的多样性，而应看到它们是在不同背景、不同环境下长期形成的一种风格模式，都具备可取之处。我经常比喻说，中国惠普是"咖啡文化"，而杭州华三是"酒文化"，没有对与错，各自有其风韵与魅力。因此，对新华三集团而言，很显然最佳的选择就是融合，而如何以融合的模式来塑造一个所有人认可且乐于践行的文化，就成为我们下一步的重点工作。

（二）塑造新的企业文化

在我看来，企业文化的来源有两种：一种是创始人文化，如惠普的"车库文化"、苹果的"乔布斯文化"、特斯拉的"马斯克文化"等，中国的大型民营企业也有着鲜明的创始人文化色彩，其实质是创始人对世界的认知和价值信仰的一种体现；另一种是职业经理人制度下的共同价值观文化，许多企业随着资本结构的变化、创始人的退出，形成了职业经理人为企业的健康良性发展而探求的、以共同价值观为主的企业文化，其中，企业管理层的认知和价值信仰是最重要的主导力量。新华三集团企业文化的来源显然属于后者。

2017年9月，我认为公司已经成功度过了整合期，于是正式启动了对企业文化的沉淀、总结与提炼工作。作为CEO，我倡导公正、公平、公开的文化氛围，我们首先面向全体员工开展了问卷调查，最终收到了超过2 000份有效的反馈。与此同时，由员工文化部对公司所有的一级主管进行访谈，收集他们对企业文化的思考。

另外，我个人也输出了一些我所认可且坚守的内容。例如，2016年5月新华三集团成立伊始，我就在各种会议上强调每个人都要做到"四个用心"：

· 用心学习。

· 用心思考。

· 用心沟通。

· 用心工作。

在这"四个用心"当中，我最推崇的是用心沟通，我认为沟通是人一生当中最重要的工具和技能，在工作、生活、家庭、组织中，只要能够做到用心沟通，多数矛盾和问题都可以得到有效化解。特别是在两个不同文化背景的组织融合过程中，沟通就显得尤为重要。我希望在那个特定的时期里，能够形成一种良性的氛围，让每个人都能够以积极的心态面对公司成立伊始所遇到的困难与问题。

除了"四个用心"，在整合过程中，面对两套财务制度、销售制度、激励制度、差旅制度、人力制度、行政制度，公司该如何选择，我提出了两项原则：

· 做事：讲常识，合逻辑，遵循市场规律。

·做人：守诚信，有担当，坚守知行合一。

这两项原则不仅适用于整合过程，还是我在职业生涯中始终秉持的原则，我认为这对于企业的发展至关重要。我之所以强调"讲常识，合逻辑"，是因为一些规则或制度已经在公司里执行多年，部分领导干部形成了思维定式，他们最常说的话是"我们一直都是这么做的""之前就是这么做的，大家都习惯了""这么做也没什么问题"，等等。他们往往由于工作惯性而对环境、形势的改变不敏感，疏于主动进行理性分析与思考，所以一些工作决策慢慢偏离了常识和逻辑。例如，我在接手新华三集团后不久，就看到我们在产品物流上的成本支出比较高，究其原因，就在于产品生产出来后，要通过物流先发送到8个"总代"的仓库，再经过"二代"仓库的中转才能发送到最终用户的现场。这种分层转发的物流模式不仅效率低下，还需要公司承担所有的仓储和物流成本。于是在2017年，我推动完成了物流的扁平化和直达化，所有产品都实现了从工厂直接发送给最终客户，不再经过任何中间环节，不但大幅提升了物流效率，而且仅当年就节省了4 000多万元的物流成本。同时，也可以追踪产品的客户归属地，防止窜货的发生。

此外，在新华三集团企业文化提炼的过程中，很重要的一项工作就是对惠普和杭州华三两家公司文化的精华进行筛选和整合。坦率地讲，惠普和杭州华三两家公司的企业文化、价值观、行为准则和做事风格有很大差异。惠普的企业文化以包容、开放和人性化为主；而杭州华三"脱胎"于华为，企业文化以狼性、奋斗和创新为主。经过多次研讨，我们去掉了惠普文化中过于宽松的部分，同时去掉了杭州华三文化中过于激进和一定程度上不够人性化的部分。我们将这些优秀文化中的精华提取出来，融合成一种既符合中国国情，又承接了开放包容和与人为善的文化，并且加入了一些符合企业管理实际的元素，如激情、担当、竞争以及坚韧不拔等。惠普和杭州华三两家企业独特的文化基因在整合过程中经过磨砺和提炼，最终在新华三集团的企业文化中得以融合、提升并发扬光大。回头来看，这是一个非常艰难的过程，可能全世界也很难找出几个类似的例子。最终，在历经8个月、7次正式会议的研讨与修订后，我们在2018年5月完成了新华三集团"领航者文化"的定稿。

"领航者"代表着志存高远、脚踏实地、勤勉奋进，争做技术、业务与行业领航人才的积极进取精神。领航是新华三集团的不懈追求，在数字经济的大潮中乘风破浪、勇立潮头；领航是新华三集团的坚定信念，市场开拓的道路并不平坦，但我们始终初心不改；领航是新华三集团的强劲动能，产品不断更新迭代，技术不断突破创新；领航已成为新华三集团的文化基因，继承着锐意进取的拼搏精神，焕发着蓬勃的生命力。

"领航者文化"的基本内涵是创新、开拓与冒险。挑战自我，鼓励技术创新、管理创新、产品创新和商业模式创新，永葆开拓进取的勇气和活力；强调为客户、合作伙伴及其他利益相关方带来新价值，成为助力中国数字经济快速发展的新动能。"领航者文化"分为核心价值观、行为准则及行为导向要求三个层次。

第一个层次是核心价值观。其包括客户、创新、激情、共赢，是文化的基石和灵魂，凝聚了"领航者文化"的精髓，也是新华三集团一切行为的基本出发点和重要依据。

第二个层次是行为准则。这是新华三集团的行动纲领和指导方针，包括做事和做人两个方面。在做事方面：讲常识，合逻辑，遵循市场规律。具体而言，即求真务实，基于常理和实践，根据客观逻辑关系进行思考并做出决策；与时俱进，认知并掌握市场规律，将市场规律和法则作为决策的准绳。在做人方面：守诚信，有担当，坚守知行合一。具体而言，即正直诚信、实事求是；爱护企业声誉、维护企业形象；尽职尽责、勤奋谦虚；坚强自信、勇于担当；自利利他、乐于助人；主动学习、提升认知；知行合一、言行一致。

第三个层次是行为导向要求。这是新华三集团的基本工作原则和底线，分为员工行为导向要求和干部行为导向要求。其中，员工行为导向要求包括"四个坚持"和"四个用心"，分别为坚持恪守核心价值观及行为准则，坚持对内部腐败零容忍，坚持阳光和简单的人际关系，坚持用业绩说话，以及用心学习、用心思考、用心沟通、用心工作。干部行为导向要求还包括"三个必须"，即必须树立格局观和大局观意识，必须保持风清气正的组织氛围，必须践行以身作则及言行一致。

为了指导干部和员工在具体工作中践行"领航者文化"，我们还针对十七条内容（四个核心价值观、两条行为准则、十一条行为导向要求）定义了明确的行为规范，每一条内容都包含五个关键要素以及正向行为规范、负向行为规范。所谓正向行为规范和负向行为规范，是通过鼓励所有员工提供具体的素材，并选择其中最具代表性的、最为贴切的要素总结出来的，也就意味着这些具体的行为规范，是广大干部和员工在实践中所自发认同的。

在看待价值观与绩效的关系时，我的观点是，从某种意义上说，绩效背后体现的是绩效观，即对绩效的要求与取舍侧重，这其实也是价值观的一种体现——什么是我们应该追求的，什么是我们应该摒弃的，业绩也是如此。比如"领航者文化"的一个核心价值观是共赢，即使一个部门的业绩很好，但若是以破坏了公司内部的团结、损害了其他部门的利益、使其他部门的绩效下降为代价，那么这个绩效观就是有问题的，不符合共赢的核心价值观要求。

因此，价值观是良好绩效的必要条件，而不是充分条件，绩效还受其他因素影响，比如业务模式、专业能力等。从长远来看，好的价值观不一定会带来高绩效，但不好的价值观肯定会影响长期的绩效表现。我们倡导核心价值观的目的，就是约束在不同场景下的思维逻辑，提供潜意识的决策指导——哪些事情必须做，哪些事情绝对不能做，哪些事情需要群策群力，这在很大程度上都是价值观驱使的结果。我相信，正确的价值观会带来正确的绩效理念，也能够驱动公司持久、健康地成长，而这正是企业基业长青的重要保障之一。

在企业日常管理方面，价值观决定了一个人的思维逻辑，是一切行为的动因。在"领航者文化"中，客户、创新、激情、共赢是最能代表新华三集团价值观的表述。我们希望在企业具体的工作实践中，能够与价值观相同的人携手前行，只有这样，才能在正确的道路上保持专注、形成合力，助力企业在新征程中再创辉煌。

价值观是一条无形的准绳，在公司运营管理中，一方面，会吸引价值观相近的人加入公司；另一方面，会进一步影响在职员工，引导、改变他们的思想和行动，以最大限度达成统一认知，最终不断聚集"三观一致"的人，更好地促进公司凝聚力和战斗力的持续提升。

总之，价值观一致将会极大地助力企业的日常管理，如果员工都能按照企业的核心价值观做事，则必将大幅降低企业的内耗，包括管理成本与沟通成本，进一步提升运营效率。如果大家在很多问题上的底层认知是相通的，则更容易遵循同一常识与逻辑，且会在自驱的状态下投入工作，这对于企业管理的好处是显而易见的。

（三）文化重塑的推动

2018年7月3日，"领航者文化"在公司正式发布，与此同时，我们也陆续发布了一篇概览、四篇解读及一篇全貌回顾。要想将文化重塑做到深入人心，让每位员工都能够理解、认可、接受并在实际工作中身体力行，就需要将文化建设与管理实践相结合，从而持续不断地对员工产生影响。因此，我们在设计"领航者文化"时，采取了层层递进的理念来诠释其内容，虽然看似条目较多，但清晰的内在逻辑有利于员工知其然；同时，结合形式多样、内容丰富的宣贯活动，让员工理解践行标准，达到知其所以然的目的。最后通过环环相扣的管理实践，将文化理念、规范潜移默化地融入实际工作中，自然而然地为员工所坚守和践行。

在2019年的新员工入职培训中，"领航者文化"成为培训的重要内容之一，我也为所有的新员工撰写了如下寄语，希望他们从进入公司开始就重视企业文化和价值观：

价值观是精神、是核心，是决定一家公司、一个人行为和命运的关键因素。

行为准则从做事和做人两方面出发，在实践中以"讲常识，合逻辑，遵循市场规律"为准则；同时，正直诚信、言行一致，是职场人的立身之本，希望年轻人不仅有远大的抱负，树立有担当、守诚信的职业精神，还要脚踏实地去实现自己的理想，要继承和坚守知行合一、言行一致的宝贵品质。

希望大家在工作中以身作则，躬身实践新华三集团的核心价值观，在工作、生活中去践行"领航者文化"，与团队、公司、国家共同走向光明的未来！

我们不仅要求公司管理层以身作则、带头践行，而且由人力资源部牵头推出了一系列务实举措，来推动"领航者文化"的宣贯。

第一，丰富培训形式。为了让每位员工都对"领航者文化"有全面的理解，我们在线下面向全员开展了文化培训系列课程，与之相配合的是在新华三集团员工门户网站上专门设置了"领航者文化"专区。为了激发员工自驱型学习，我们还持续不断地开发企业文化微课，鼓励员工以灵活的时间和节奏开展学习。

第二，塑造积极的榜样。为不断完善"领航者文化"行为评价机制，树立标杆，宣传优秀事迹和行为，以"领航者文化"为导向，打造高绩效组织，公司实行"领航者文化"行为评价公示制度，对每一季度拟评价为"一级优秀"的员工及其事迹，在一定范围内进行公示并接受监督。让员工从榜样的事迹中，看到"领航者文化"是如何在具体的工作中被践行的，从而深化员工对核心价值观、行为准则的理解，进一步激发员工的能动性。

第三，打造支持性团队。为方便广大干部、员工在学习过程中遇到问题时与他人进行交流和探讨，我们开展了"领航者文化"讲师的培养与认证，并打造了一支由超过400名文化讲师组成的支持性团队，可以涵盖公司所有的部门和层级。他们除了开展常规的培训，还在日常工作中倾听同事在学习过程中遇到的挫折和困难、分享经验与见解，从而相互支持，共同寻找解决困难的办法和路径。

第四，实践、指导和反馈。各级主管在工作中，负责引导员工在具体的工作中践行"领航者文化"，并对员工的行为方式提供指导。及时、有效的反馈，使员工对企业文化有更加深刻的理解，同时消除理解误区。

第五，打造文化案例库。我们鼓励员工把真实发生的典型案例总结出来，展现其中积极践行"领航者文化"的行为，使之成为"领航者文化"的生动载体。员工通过撰写案例，能够加深对文化的认可，激发主动担当文化宣传骨干的热情。同时，可以让更多的同事学习、借鉴案例中的优秀行为，收获启发。

当然，文化重塑不可能一蹴而就，需要持续不断地进行培育、建设和宣导，因此，我们每年都会针对性地开展主题鲜明的专题活动，不断倡导"领航者文化"，使其内化于心、外化于行。

1. 推出涟漪模型指导企业文化落地

若将一颗石子投入水中，则可以激起层层的涟漪扩散至整个水面。我们在文化重塑中也希望形成涟漪效应，使文化重塑从一个中心高效地延展到每位员工，基于此，我们推出了涟漪模型（见图2-1）。这个模型以干部引领为核心，外围环绕制度建设和文化宣导，由内而外地延展开去，影响和感染所有员工，从而引领所有的组织成员自觉践行。

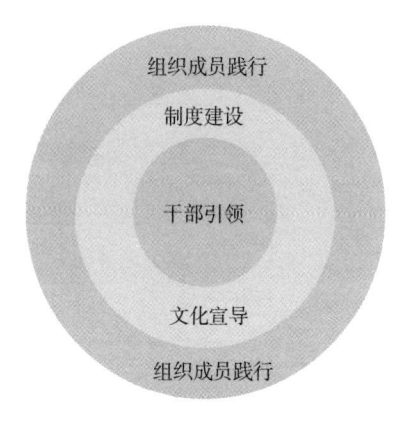

图 2-1 "领航者文化"建设涟漪模型

（1）干部引领

各级干部作为文化建设的带头人，从自身做起，率先垂范，学习和践行文化，发挥榜样力量，在文化落地中起着关键作用。他们在文化建设中具有传播者、辅导者、激励者和监督者的四重身份，因此要在团队中言传身教，积极主动践行和传播文化，带动员工理解、认同文化并辅导员工在工作中有效践行；对优秀行为及时给予表扬，做好员工激励；同时，发现问题及时纠偏，引领员工主动学习、脚踏实地做好每一件事。从学习身边的"领航者"开始，到成为一名优秀"领航者"，最终带动更多的人成为"领航者"。

（2）制度建设

作为持续深化制度建设的关键举措，我们将价值观评价作为人才评价的重要一环，融入人力资源管理的各个环节当中。

- "选"：只有价值观趋同的人，才能够与新华三集团结伴前行、共创大业，因此新华三集团在招聘时，注重应聘人员对"领航者文化"的认同，以选取与公司"三观一致"的员工。
- "用"：新华三集团在干部后备梯队选拔以及干部竞聘、评价时，都会开展"领航者文化"维度的调研和考察。任用的重要前提之一是，必须认同并积极践行"领航者文化"；文化盘点是新华三集团每年人才盘点工作的重要组成部分。
- "育"：新华三集团的人才培养体系以学习践行"领航者文化"为主线，全面覆盖领导力、专业能力、通用能力，并通过对高潜人才的培养，为"领航者文化"的深入人心提供坚强有力的支撑。
- "留"：薪酬和职级评定时，在绩效和能力同等优秀的条件下，文化评价为"一级优秀"的员工将优先涨薪、提职；反之，即使绩效很高，如果"领航者文化"评价为"待改进/不合格"，则在涨薪、提职上也将被"一票否决"。

- "励"：公司设立"领航者文化"践行奖，该奖项作为公司级荣誉的重要组成部分，致力于树立"领航者文化"践行标杆，增强组织凝聚力与战斗力。另外，获得公司级其他荣誉奖励的前提是要充分践行"领航者文化"的要求。
- "汰"：不认同"领航者文化"的员工，无法与公司长远并肩发展，公司将视情况加以淘汰。

（3）文化宣导

要实现企业文化的有效落地，就必须加强宣传，将企业文化融入日常工作中，让员工充分认识到文化建设的目的及重要意义，最终统一员工的思想和行为。为此，我们需要通过培训、案例库建设、多种渠道和形式的宣传以及系列化的活动，全面推进文化的熏陶与感染力建设。以活动为例，为了更好地促进员工结合具体工作践行"领航者文化"，从2019年起，我们开展了反思、整改活动，每个季度围绕一个主题，员工开诚布公地自我审视并分享践行"领航者文化"的思考和感受，通过开展这一活动，不少员工在观念和认知上都有了很大提升。比如，他们能够意识到不仅市场体系的员工需要关注客户，内部平台部门也需要具备客户服务意识，从而有效支撑企业内其他部门的工作；同时，创新不只是研发部门的事情，所有的工作环境中都需要强调创新意识。

2. 举办"领航者文化"创意大赛

为提高员工对文化宣导的参与度，公司需要以喜闻乐见的方式来提升员工的参与热情，激发员工的创作潜力。从实践的结果来看，员工自主创作的作品更具感染力，也更加能够引发大家的共鸣，让文化理念的宣贯获得预期之外的效果。

2019年8月12日，"领航者最强音"活动正式启动（见图2-2）。作为基于"领航者文化"进行的原创歌词歌曲大赛，其旨在通过寓教于乐的方式，促进员工学习和理解"领航者文化"。在短短两周内，组委会就收到42份参赛作品，参赛者共61人，来自10个一级部门及两个省一级代表处。2019年9月9日，由组委会评选出的15强作品面向全员公布并启动投票，3天内就有3 675人投票，共计9 526票。在三大乐迷中，共有3 648名员工（大众乐迷）、10位文化专家（专业乐迷）、17位一级部门主管（超级乐迷）参与投票。最终有13首歌曲成为优胜者，我们将其收录到了《领航者最强音》专辑当中。

图2-2 "领航者最强音"活动海报

此后,这些基于"领航者文化"内容创作的歌曲,被广泛应用在各类培训及校园招聘宣讲等场合,甚至在公司级重要活动中亮相,深受员工及学生的喜爱。这些歌曲寓意明确、旋律优美动听,是展现公司文化精神和企业风采的重要组成部分,因此成为活动现场的一道亮丽风景线。

通过开展这些活动,我们看到,员工所展现出的惊艳才华和创作热情,远远超出我们的预期,为文化宣导带来了更强的感染力。2020年,我们再一次开展了"领航者文化"创意大赛,同样得到了员工的热烈响应,有125份"领航者文化"表情包作品入围,最终评选出36份获奖作品。新颖、生动的表情包设计,促进了文化的形象化,提升了文化的温度,深受广大员工的喜爱。

3. 发布"领航者文化"VI规范

VI（视觉识别）规范的发布，使全体员工在进行媒体宣传、内部活动时遵循统一的标准，进一步增强对"领航者文化"的认同感。"领航者文化"标识（见图2-3）作为文化的视觉符号，简约而又独特，每一处设计都注入了"领航者文化"的核心思想，诠释着文化内涵，是"领航者文化"经典的视觉载体。无论身在何处，员工只要看到这些文化视觉符号，就能够想到"领航者文化"及其理念。

图2-3 "领航者文化"标识

"领航者文化"标识用点线结合的方式传递了数字化的科技感，其中4条线汇集贯穿到"领航者"3个字中，以融合之力共同描绘美好愿景。在"航"字中设计融入了箭头的设计元素，表达了领航的中心思想：明确方向，引领前行，奋勇前进。

"领航者文化"核心价值观图标如图2-4所示。其中，客户：以握手的表现形式，体现新华三集团以客户为中心，与客户精诚合作、彼此支持。创新：将大脑和数字化元素结合，象征不断出现新的灵感和思维。激情：以舒展、雀跃的身体形状，将热情洋溢的感觉进行视觉传达，体现活力和激情。共赢：以循环握住的手形成完整闭环，体现协作共赢与生态融合的理念。

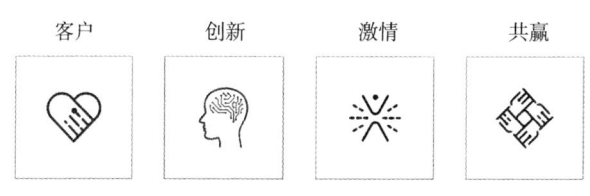

图 2-4 "领航者文化"核心价值观图标

4. 推出"五个一工程"

2020年新冠疫情的暴发，给公司的各项工作都带来了巨大的冲击。但为了达成"领航者文化"引领和助力战略落地的目标，我们继续开展了"领航者文化"建设的工作。2020—2021年，随着"五个一工程"的推进，"领航者文化"行为规范如期发布，结合宣贯系列项目，为员工提供具体的行为指引，将"领航者文化"从理念层面向行为层面转化，助力全员深入践行。"五个一工程"包括一套行为规范：明确"领航者文化"践行指导方法论，发布"领航者文化"行为规范并宣贯；一个案例库：建立"领航者文化"案例库，用生动、鲜活的故事传递"领航者文化"影响力；一套传播语言：将"领航者文化"提炼成朗朗上口的文化语言，以便于员工理解、强化记忆；一个课程包：丰富"领航者文化"课件内容，以生动化、场景化方式解读文化内涵；一支讲师队伍：打造"领航者文化"讲师队伍，建设强有力的"领航者文化""地推"部队。

5. 开展"干部引领 携手领航"专项活动

在前文提到的涟漪模型中，干部引领居于核心位置，因此对于企业文化重塑而言，干部的作用是举足轻重的。为此，2022年我们专门开展了"干部引领 携手领航"专项活动。本次活动由两个模块构成，分别是"干部谈'领航者文化'建设"与"全员评选'领航者文化'优秀案例"。

在"干部谈'领航者文化'建设"模块，我们对不同层级的几十位干部进行了访谈并制作了短视频向全员推广。访谈的内容分为4个专题，分别是"领航者文化"在公司中的作用、干部在"领航者文化"建设中的作用、如何在部门中落地"领航者文化",以及我们如何践行"领航者文化"。

在"全员评选'领航者文化'优秀案例"模块,"领航者文化"案例来源于公司内真实发生的故事,是各部门及团队在取得业绩过程中,积极践行"领航者文化"的行为体现,是"领航者文化"的生动载体。涌现出来的这些文化践行典范,极大地助力了公司凝聚力与战斗力的提升。经过评委投票,最终推选出了"十佳案例"。下面我引用其中的一个案例,从中可以看到在实际工作中员工视角下的核心价值观是如何体现的。

攻坚克难,打造"新华三速度"

核心路由器是搭建国家级骨干网的基石,同时为了满足运营商业务高速增长、网络性能及容量提升的需求,产品在发布后必须经过严苛的测试。目前业界对核心路由器最权威和严苛的"试金石"当属运营商集采测试,其难度体现在友商测试突破的周期平均为 8~10 年。

作为体现网络通信领域至高技术水平的测试,运营商客户对于核心设备的要求是极致的：超过现网数倍的协议和流量压力，叠加各种异常攻击和网络震荡，甚至在高低温条件下进行主备倒换时，要求整个测试期间业务不中断、不丢包，设备不能重启……最具挑战性的地方是，核心路由器集采测试是不预先告知测试用例的，现场测试人员随机设计测试组网和用例，测试过程中也不允许厂商支持人员接触设备。

我们的团队深知核心路由器测试的严苛性，因此苦练内功，稳扎稳打，打造了核心路由器集采测试的"新华三速度"：2016年，CR16000-X通过运营商集采；2017年，CR19000产品攻坚全面启动并于当年通过中国移动、中国联通、中国电信三家运营商集采测试，展现了我们在核心技术攻关上的决心和实力。

在优异成绩的背后，是践行新华三"领航者文化"的缩影——以客户为导向，将不可能变为可能。核心路由器产品开发的整个过程都伴随着与客户的密切沟通。团队成员珍惜每一次的交流机会，以初学者的心态向客户请教和学习，在通过汇报的形式向客户展示关键技术钻研成果的同时，对于客户提出的合理建议虚心接受，快速落地。通过不断深入的交流和产品的快速优化，客户对我们的态度也从"怀疑"转变为"高度认可"，并给予我们这样的评价："新华三是一家善于学习、不断进取的公司，我看到了你们用心做事的态度，期望双方的合作走得更远。"在我们通过测试时，另一位客户也表示了赞许："能在这么短的时间内通过测试，新华三将不可能变为了可能。"

在客户面前表现优异的背后，是一群饱含激情、忘我打拼的人。何为激情？团队中的一位优秀成员用质朴的话道出了所有人的心声："激情就是把路由器产品当成自己的爱人和孩子。为了让家人更好，我每天都在想如何为家人多做点什么，并在家人的进步中感到幸福。"带着这种激情，我们以 1/3 的团队规模，以倍速于友商的进度实现了全面突破。

这背后是整个团队一起忘我奋斗的 2 000 多个日夜，其间开发主机 6 款、单板 30 多块，增加产品代码 490 万行，发现和解决软硬件问题 26 163 个。对于核心路由器研发工作，所有人都勇于担当，即使牺牲休息时间也要高质量按时完成工作。公司外面凌晨的路灯，团队里每个人都看过。团队成员以"工匠精神"，对待每一个硬件管脚、每一行代码、每一个测试用例、每一次问题修改和每一项性能优化，推动产品性能和质量不断提升。正是时刻满怀激情与梦想，才创造了"新华三速度"。

只有在优秀企业文化的指引下，时刻保持警醒、认清形势、认清自我，不断地反思、不断地创新、不断地开拓进取，才能确保新华三高质量地可持续发展！

6. 开展风清气正专题活动

风清气正的组织氛围是新华三集团生存和发展的必要条件，也是干部和员工凝聚力与战斗力生成的重要基础，还是"领航者文化"的基石，关乎人心向背及公司战略的达成。其内涵是从维护企业的整体利益出发，坚持对内部腐败零容忍，使干部坚守诚信、廉洁公正，使员工恪守红线、严于律己。

为此，我们在2023年围绕"风清气正 行稳致远"，深入开展了一系列专题活动并进行了广泛的宣传，全面打造风清气正的组织氛围。针对本次活动，我也撰写了一段寄语，与新华三集团的全体同事分享、共勉：

> 正确的价值观对于企业的发展至关重要，而风清气正的组织氛围，则是正确价值观形成的重要基础和前提。基于此，公司在"领航者文化"中，明确了风清气正的内涵要求及管理导向，提出了"做人要守诚信、有担当，对内部腐败要零容忍，人际关系要阳光简单，团队管理要公正透明"等行为准则及导向要求，并成为提升公司凝聚力、战斗力，助力新华三集团这艘巨轮劈波斩浪、

砥砺向前的"加速器"和"力量倍增器"。

未来，无论是日趋激烈的市场竞争态势，还是千亿元大业的奋斗目标，都要求我们继续保持战略定力，心往一处想、劲儿往一处使，持之以恒地做"正确的事情"。在此，我希望各级主管要当好"风向标""领头羊"，树牢红线、底线意识，躬身实践、以身作则；全体同事要同心共向、聚力前行，将"领航者文化"的各项要求落到实处，共同营造和守护公司风清气正的良好氛围。

我坚信，风清则气正，气正则心齐，心齐则事成。让我们一同从每一天、每一件事做起，以风清气正助力新华三集团行稳致远、基业长青，共同开创属于我们大家的更加美好灿烂的明天！

为了帮助全员随时随地、身临其境地对风清气正专题进行感知和学习，我们还专门建设了一站式风清气正云展厅（见图2-5）。一方面，实现了全方位展示风清气正相关的制度、政策、案例警示、内涵宣导等内容；另一方面，也探索了全新的宣贯形式及学习体验，以进一步提升员工的参与感、沉浸感。

图2-5　一站式风清气正云展厅

同时，我们还在全集团范围内开展了风清气正线上专题学习（见图2-6），共有14 711人参与。各部门也开展了员工参与度高、形式多样的现场培训，共计开展了189场培训活动。

为了树立"所谓强将，不仅要能打硬仗，还必须是清将、正将"的思想意识，促进干部队伍共同成长与进步，通过风清气正干部纪律作风专题审视，让干部以身作则将"领航者文化"落到实处，本次活动共对1 046名各级干部开展审视，有 9 521 人次参与评价。同时，高管团队也积极参与分享寄语感言和管理心得，带动员工深入理解与践行，进一步营造了浓厚的风清气正组织氛围。

图 2-6　风清气正专题宣传片

企业文化是数字化变革的灵魂，正是企业文化的成功塑造，为新华三集团的数字化变革提供了价值观的指引，使企业的数字化变革有了明确的方向和行动指南。

二、数字化变革是企业发展壮大的必由之路

从新华三集团成立至今，公司业绩始终保持着高速增长态势，截至 2023 年底，其收入规模是 2016 年的近 3 倍，利

润实现翻番。新华三集团之所以能取得这样耀眼的成绩，我认为有3个非常重要的原因。

首先，新华三集团的主营业务契合了时代发展大势。数字化对这个时代的重要性，已经是一个不再需要讨论的问题。在数字经济蓬勃发展的背景下，作为新一代信息通信领域的领军企业，新华三集团以持续的技术创新，推出了一系列业界领先的技术、产品和解决方案，在助力百行百业数字化转型的同时，也带动了自身的发展。

其次，离不开全体员工上下一心、兢兢业业的努力。新华三集团的"领航者文化"，将两个文化、制度、理念差异巨大的团队有效整合到了一起，形成了融合而统一的企业文化，实现了上下同心同欲，全体员工能够相向而行，为了企业美好的未来而共同努力奋斗。近年来，在"领航者文化"的指引下，新华三集团在激烈的市场竞争中始终处于勇往直前的"快车道"。

最后，也是最重要的一点，即在开展企业文化重塑的同时，新华三集团积极顺应数字化发展大潮，深入开展了自身的数字化变革并取得了切实的成效。如果将企业发展比喻成巨轮在大海中航行，那么要想行得快、行得远、行得稳，一是要能顺应时代潮流，二是要有源源不断的动力，三是要有坚固的、能抵御风浪的船体。对于新华三集团而言，数字经济发展的趋势就是潮流，团结一心、努力奋斗的全体员工就是强劲的"发动机"，而新华三集团自身的数字化变革，就是不断升级的这艘巨轮的船体，让我们行得更稳、走得更远。

近年来，随着数字技术的蓬勃发展，数字化产品及解决方案正在以前所未有的广度和力度，渗透到生产生活的方方面面，在数据应用的加持和赋能下，企业运作模式、管理模式、商业模式的改变，不再是基于传统模式的修修补补，而是在全新思维模式主导下的再定义、再重构，这极大地提升了决策的准确性、及时性，有效降低了经营成本，提升了企业的核心竞争力。我们之所以称这个阶段为"数字化变革"，就是为了表明新华三集团全面拥抱数字化发展趋势的决心。同时，这也可以时刻提醒我们，未来要做的不只是顺势而为的局部改进和优化，而是一场涉及企业方方面面、上上下下的彻底变革，它将改变过去我们所熟悉的一切，也将决定我们未来的命运。

（一）数字化变革是顺应时代发展趋势的必然选择

新华三集团成立之初，正值互联网行业风起云涌之时，特别是移动互联网大潮的到来，进一步推动数字经济蓬勃发展。在数字经济时代，借助数字世界强大的可联接、可汇聚、可推演能力，进行产品、业务和商业模式的创新与重构，以更低的成本、更高的效率，为客户提供更好的服务和体验，已经成为关乎企业生存和长远发展的"必修课"，产业数字化成为刚需和不可逆转的时代潮流。具体体现在以下三个方面。

第一，数字技术的创新、演进是企业发展与变革的重要驱动力。随着 IT 的快速发展和深度应用，面向个人用户的互联网科技服务加快向百行百业的生产领域渗透，极大地改变了人与人、人与物、物与物之间的互动方式和规则。数字技术的发展，使描述人类活动的数据规模呈现爆炸式增长态势，数据成为影响经济发展的新要素。[1] 其中，云计算、大数据及

---

[1] 中国网信网综合."新基建"加快应用落地 为数字经济发展注入新动能［EB/OL］. http://www.cac.gov.cn/2020-08/04/c_1598094867105707.htm，2020-05-25.

人工智能领域是技术创新的高地，为企业的业务创新、商业模式重塑提供了必不可少的支撑与助力。具体来说，云计算是业务敏捷的基石，大数据则是挖掘数据价值的"发动机"，同时，随着数据的快速积累、运算能力的大幅提升、算法模型的持续演进以及行业应用的快速迭代，人工智能技术及产业的发展环境也发生了深刻变化，ChatGPT 的横空出世，标志着人类第四次工业革命的加速到来。随着数字技术的持续创新与演进，未来将加快催生产业革命的新范式。

第二，数字化是管理层正确决策、敏捷决策的基石。当前，数据已经成为企业和组织中不可或缺的重要资产，基于数据做决策是时代发展的必然要求，没有数据支撑的决策在很大程度上是不可靠的。企业是一个复杂的组织，商业市场竞争同样是一个复杂的体系。在复杂体系中，仅依靠决策者的个人经验，往往很难做出正确的决策。由于信息不对称、不完整、收集和反应速度慢，企业管理者以个人经验做决策时，经常出现偏差。究其原因，就在于我们的经验来自过去的场景和实践。在快速变化的时代里，企业作为一个复杂体系，影响其战略达成的因素繁多且彼此之间的关系错综复杂。在不能深入透彻地洞察其内在逻辑时，大多数决策很难做到高效、精准。作为企业管理者，我们不仅要极力避免错误决策，更要关注低效、不合理决策给企业带来的伤害和资源浪费。

第三，数字化是企业降本增效的最优途径。面对激烈的市场竞争，以最优成本、最高效的业务流程快速响应市场的变化，最大限度地满足客户需求，是企业综合实力的重要体现。在企业竞争力的提升上，降本只是手段，增效才是最终目标。通过数字化的技术和手段，既可以显著降低企业研发、生产、营销、人力等显性成本，又能极大地降低沟通、时间、合规风险等隐性成本。而增效则体现在对业务流程、运营效率等敏捷能力的提升上，从而使企业保持差异化的竞争力，以更快速地应对行业趋势的演进、客户需求的变化以及新技术的迭代。

以新华三集团建设的未来工厂为例，通过智能计划调度、智能物流管理、智能生产管理、智能设备管理、智能质量管理五大核心建设内容，全面重塑传统制造流程，使柔性化、智能化、个性化的制造模式成为现实。智能计划调度通过生产全流程协同，使急单满足率提升50%，产业链协同率大幅提升。通过智能物流管理，物料出入库速度提升20%，整体配送效率提升50%。智能生产管理使工厂整体自动化率高达88%，稳居业界前列。智能设备管理提升了柔性制造能力，使订单交付周期缩短65%。智能质量管理实现了全流程质量数据的可视化，使误判率降低70%、检验人员减少67%，进一步提升了工厂管理的智能化、精细化水平。

因此，面对这一趋势，新华三集团必须积极抢抓数字经济发展机遇，通过构建强大的数字化能力，确保企业的核心竞争力。数字化能力的构建包括对外和对内两方面内容。对外：如前所述，新华三集团要积极顺应云计算、大数据、人工智能等新兴技术推动下的行业数字化转型需求，加快从领先的"ICT基础设施提供商"，向服务百行百业数字化转型的"整体解决方案提供商"转型，更好地为互联网、移动互联网驱动下的数字经济发展构建坚实的底座。对内：新华三集团对外解决方案的输出和赋能，从某种意义上说，是自身能力的一种"溢出"。此时，新华三集团已经明确了做"数字化解决方案领导者"的全新定位，"打铁必须自身硬"，如果自己的数字化变革都没有做成"标杆""样板"，那么凭什么让别人相信我们是"数字化解决方案领导者"？因此，基于这一认识，系统、全面、深入地推进新华三集团内部的数字化变革，就提上了议事日程。

（二）把数字化变革作为"一把手"工程

对企业而言，数字化变革是一条机遇与挑战交织的奋进之路，而引领企业在这条道路上砥砺前行的重要动力，就是企业对成长和蜕变的坚定信念。一方面，数字化变革不能急于求成，更不能放任自流，企业管理者需要对变革有思考、有规划，有坚定的目标和方向，从而不受内外部纷乱复杂信息的干扰；另一方面，数字化变革是一场深刻、复杂的系统性变革，"三分靠技术、七分靠组织"，在很多情况下，需要强有力的资源支持和统筹协调，以克服可能出现的组织惰性，让数字化变革真正落地。

CEO作为企业的最高管理者，在对数字化变革的引领与推动，以及对变革高度、广度和深度的影响方面，有着其他人不可比拟的优势。因此，CEO必须责无旁贷地承担起"一把手"的责任，身体力行地推动变革。

1. 高度

数字化变革对企业而言是战略级决策，有赖于高层管理者的宏观视野以及高屋建瓴的战略眼光。数字化变革绝不是仅在业务体系中使用数字化技术,而是在战略层面企业也要做出相应的调整与优化,以达成商业模式重塑、运营管理流程优化等诸多方面的变革目标,从而为企业的可持续发展奠定坚实的基础。而此时,只有CEO才能担负起系统性、全局性的整体规划与战略考量的职责,为企业的变革之路制定时间表和路线图,并确定资源的投入力度。同时,很多战略性的变革项目,在一定时期内并不会有明显的产出或收益,这就更加依赖CEO的战略定力来克服内外部的各种阻力,从而为战略性变革的达成提供强有力的支撑。

2. 广度

数字化变革的规划是自上而下的,但具体的变革实践则是自下而上的。因此,数字化变革不仅需要高屋建瓴的战略指引,更需要涵盖企业方方面面的具体实践。业务痛点、流程堵点、客户体验都是由一线团队来解决和改善的,他们的诉求和创新想法才是变革与优化的重点。这需要企业内各级部门与不同层级的员工都参与其中,在实践中发现问题、总结经验、提升能力,汇聚每一个个体的潜力与贡献,以最终达成变革。其中，重要的任务之一就是要拉通资源，打破部门壁垒，促成各部门的协同合作，使数据得以高效利用、流程实现高效运转。而 CEO 作为企业的核心管理者，在协同机制的构建以及创新理念的培育等方面都有关键的影响力，这也决定了数字化变革必须是"一把手"工程。

3. 深度

数字化变革的关键不在于数字化，而在于变革。而变革的本质是对流程的重塑和再造，进而带来既有工作理念、工作方式的变化，同时也是对既有"权"和"利"的再调整、再分配，这种变化会给相应的部门、员工带来不适应感，甚至会在一些环节产生巨大的阻力。比如，数字化工具的应用会改变员工的固有思维和工作习惯，甚至在初期会引发一些抵触情绪；业务和流程的重构需要打通部门壁垒，破除"铁路警察各管一段"的传统做法；数字化系统应用所带来的利益分配透明化，可能会触及一些人的利益；等等。如果没有企业"一把手"的强力推动和决策支持，其中的复杂关系是很难协调清楚的，而这往往也决定了数字化变革的成败。

三、做好数字化变革的整体规划

数字化变革具有涉及面广、技术性强、业务复杂度高、参与主体多等特点,因此必须坚持"规划先行",全面考虑企业面临的挑战和未来发展方向,制定具有前瞻性和战略性的蓝图,以更好地引领统筹推进数字化变革。

(一)坚持以终为始:从企业面临的挑战出发开启数字化变革之路

尽管新华三集团自成立以来,业绩始终保持着快速增长态势,但在成长的过程中,也暴露出管理效能递减、内部流程冗长、创新活力不足等问题。如前所述,数字化变革只是工具,服务企业发展才是最终目的。因此,在推进数字化变革的进程中,我们始终坚持问题导向,从企业实际面临的挑战出发开启变革之路。

1. 挑战一:如何精细化管理

随着公司业务的快速发展,管理复杂度随着业务量的增长而增加:新华三集团每年的订单金额超 600 亿元,研发费用超60亿元，差旅报销费用超2.5亿元，出差突破7万人次……在这些数据的背后，还有很多问题亟须解决，包括烟囱式的数据没有拉通，报表口径不一致，内部违规暗藏风险，虚假报销难以发现，等等。

2. 挑战二：如何高效运转

随着公司业务规模的扩大，管理的广度和深度也在不断拓展。我们的产品日渐丰富，数量已经超过22万种，解决方案的数量也超过了3 000个，与丰富的产品相对应，我们构建了24个区域备件中心，全球供应商超过1 400家。此时，如何有效地开展管理就成为一个亟待解决的问题。如果采用金字塔式管理方式，信息则会在层层传递中递减甚至扭曲；如果采用扁平化的管理方式，则会出现事无巨细地传递信息从而难以辨别真伪的问题。

3. 挑战三：如何健康发展

新华三集团是一家To B（面向企业）、To G（面向政府）的企业，从国内业务来看，我们每年要与各行业的客户签署超过10万份合同，采购近300亿元的物料、零部件，与超过17 000家渠道商开展业务往来,如果没有数字化手段赋能,则很难有效管控窜货、腐败等经营风险。从国际业务来看,当前新华三集团在海外的服务已经覆盖了176个国家和地区,各个国家对ICT产品的出口、销售和使用有着不同的要求及规范,如何做好合规管理工作,确保海外业务健康发展,也需要数字化手段的坚强支撑和保障。

(二)制定变革愿景:明确数字化变革的方向标和路线图

面对前述挑战,我们提出了"用时代的方法解决时代的问题,数字化变革是解决当前企业发展问题的最优解"的观点。为此,我们要通过加速业务和流程的变革,以及充分激发组织、全体员工的数字化创新潜力,来助推企业运营效能的提升和商业模式的智慧升级。

数字化变革的核心是用数据指导决策,因此在业务、流程层面,我们的目标是实现"四个转变":从经验判断向数据决策转变,从事后统计向事前预测转变,从被动处置向主动发现转变,从"九龙治水"向整体智治转变。这也意味着数字化变革是对现有业务模式的全面创新与重构。为此,我们制定了"1335"数字化变革愿景,全方位深化数字化变革(见图2-7)。

1个 "数字大脑"	H3C"数字大脑"			
3个 统一门户	客户 (新华三商城)	供应商 (供应商门户)		员工 (企业信息门户)
3类 体验升级	智慧流程 ·自动化办理 ·作业流拉通 ·智能化审批	随处工作 ·移动协同办公 ·在线文档协作 ·桌面远程接入		赋能平台 ·知识分享社区 ·员工自助服务 ·资源开放共享
5大 能力平台	敏捷研发 ·高效产品开发 ·产品生命周期 ·效率动态度量	全球市场 ·先进销售生产力 ·国际市场运营 ·智能配置工具	创新生态 ·商业运营创新 ·端到端流程加速 ·知识融合赋能	协同供应　　智慧服务 ·预测智能化　·知识工具化 ·作业自动化　·一站式交付 ·供应可视化　·智能化客服

图2-7 新华三集团"1335"数字化变革愿景

其中,"1"代表的是1个"数字大脑",以实现生产经营的智能预测与决策;第一个"3"指的是3个统一门户,以更好地纳管数字化交互窗口;第二个"3"是指3类体验升级,分别为智慧流程、随处工作、赋能平台,以提升员工的工作效率和效能;"5"指的是5大能力平台,分别为敏捷研发、全球市场、创新生态、协同供应、智慧服务,从研发、市场、生态、供应链及技术服务5个方面助推业务模式的创新升级。

对于新华三集团来说,"数字大脑"是公司日常运营管理的"中枢神经系统",它既是数据汇总的统一平台,也是数据决策中心。经过处理的数据,能够更好地为企业各业务系统、数字化平台提供接口和支持,从而更好地支撑业务的科学决策，为企业高质量发展提供强有力支撑。

同时，在组织层面，我们也开展了一系列活动，着力推动全员思维和认知的突破与提升。一方面，我们以"领航者文化"为指引，通过营造崇尚创新的组织氛围、鼓励跨部门合作等方式，打破干部及员工的思维定式；另一方面，依托新华三集团人才研学中心的内部培训平台，组织开展全面系统的、深入浅出的培训，帮助全员更好地理解公司开展数字化变革的方向与目标，并推动全员参与到变革实践当中，让数字化理念融入每位员工的思维和工作，从而坚定每个人变革的决心，激发个体能动性，形成全员推动变革的强大合力。

四、制定数字化变革的推进策略

数字经济时代，数字化变革是确保企业快速、可持续发展的必然选择，这一点已经得到越来越多企业管理者的认同。但具体采取怎样的策略和举措来推进变革，可能每家企业都有自己的认识和看法。总体来说，数字化变革是一项庞大的系统工程，必须明确变革的目标、变革实效的评估体系、支撑策略以及路径的选择等，以确保变革的顺利有序推进。

（一）明确数字化变革的目标及价值衡量模型

经过充分的调研和讨论，我们确定了新华三集团数字化变革的目标：对外以客户为中心，驱动业务增长；对内以效率为中心，赋能管理创新。这是因为，作为"数字化解决方案领导者"，新华三集团必须扮演好产业数字化赋能者的角色，通过持续的技术创新，把更好的产品和解决方案提供给客户，在助力百行百业加速数字化变革的同时，驱动自身业务的高速增长。

同时，我始终坚持一个观点，就是我们在帮助别人进行数字化变革前，首先要把自己的变革做好，只有先把自己的"菜"烹饪好，才能帮助别人做出美食。基于这样的理念，我们把自身的数字化变革实践作为一个"实验局"，首先将新兴的技术和解决方案在内部应用，通过不断地试错、总结、反思，达到持续迭代和优化的目的。通过这一实践，一方面，加速提升了新华三集团各项业务的数字化、智能化水平，有效推动了企业的降本增效和精细化管理；另一方面，通过自身的实践探索，将有共性、可复制的产品与解决方案能力"溢出"，帮助客户"少走弯路"，赋能百行百业产业数字化的智能升级。

在明确了数字化变革的目标后,我们也认识到,变革的成功与否需要通过变革所创造的价值来衡量。一个具体、明确的价值评估体系,对数字化变革起着关键的指导与牵引作用。为此,我们提出了数字化变革核心价值体系——STARS(见图2-8)。

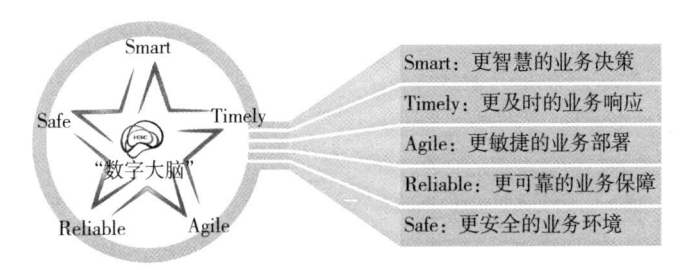

图2-8 STARS数字化变革核心价值体系

具体体现为:

- 商业价值:数据决策的智慧化。
- 效率价值:用户体验的统一化;业务流程的自动化;专业工作的智能化。
- 平台价值:运营资源的全面云化;平台应用的服务化。

在STARS数字化变革核心价值体系之下,企业既可以审视单个业务应用的实际效果，也可以结合数字化转型成熟度模型评估整个转型是否已经达到宏观目标。同时，按照STARS数字化变革核心价值体系，企业也能够定位转型工作中的不足，并确定改进方向。此外，全面实现STARS数字化变革核心价值体系所明确的目标，将帮助企业以数字化转型更好地实现降本增效目标，助力其获得更多业务发展机会。为了更好地推动数字化变革，我们还采取了一系列其他举措。

第一，树立紧迫感。针对市场环境、客户、技术的变化，由我代表集团管理层提出数字化变革的整体方向；通过与业界对标，由CIO（信息主管）向公司管理层传递数字化变革的紧迫性，以及数字化变革给企业运营、精细化管理、业务转型升级所带来的红利。

第二，组建领导小组。成立由CEO任组长、CIO任副组长、各一级部门主管参与的数字化变革领导小组，同时，由各板块业务负责人担任业务分组的组长，并确立工作组的整体协调及汇报机制。领导小组的成立，可以更好地统一集团上下对数字化变革的认知，统筹推进整个集团的转型战略和路线图，同时也可以指导各个分组的工作，解决重大项目风险，确保变革有序推进。

第三，沟通变革愿景。召开数字化变革启动会，由CEO向工作组全体成员明确变革愿景，由各一级部门主管向CEO及工作组汇报数字化变革思路及工作计划，以加快形成公司层面统一领导、各部门协同突破的工作格局。

第四，积累短期胜利。秉持迭代开发、敏捷交付原则，对变革的项目设定1~3个月的交付周期，通过积累短期胜利，厚积薄发，持续提升业务收益；通过奖励政策，激发工作组及一线员工对数字化变革的热情与动力。

第五，扩大成果推广。公司不仅通过深化开展技术创新、解决方案创新及理念创新，有效提升了数字化、智能化决策水平，将变革成效融入公司业务开展的方方面面，而且通过客户交流、品牌宣传，及时将数字化变革的方法论及实践经验对外传递、输出，助力客户快速找到数字化变革的最优解，进一步筑牢新华三集团"数字化解决方案领导者"的"金字招牌"。

（二）构建数字化变革的强大支点

阿基米德有一句著名的话："给我一个支点，我就能撬动整个地球。"作为一个支点,需要满足两个要求:一是要足够坚固,能够稳定地承载整个体系;二是要尽量靠近所要撬动的目标,以实现最佳的杠杆效应。在企业的数字化变革实践中,IT部门自然而然地扮演起数字化变革支点的角色。但这个"支点作用"的发挥,需要IT部门实现自身职责和角色的有效转变。纵观IT产业的发展历程,IT部门最初主要起到支撑作用,其核心使命是保证一个组织IT系统的正常运转。但在数字化时代,IT部门作为企业数字化变革的关键力量,一方面,要通过对数字化技术的运用与创新,承担所有业务条线的系统开发与运维职责;另一方面,则需要发挥专业能力,完成数据的获取、清洗、加工、分析等方面的任务,为公司的智能决策提供强有力支撑。总体来说,就是由被动的需求响应转变为主动的需求挖掘,从一个"后台支撑部门"转变为"前台参谋部门"。

在历经多年的发展与成长后,IT部门已经成为拥有丰富专业技能、管理大规模系统平台,且与各业务条线深度融合的专业化团队。随着IT团队的壮大,团队成员不仅掌握了更多的专业技术,还拥有了更加全面、丰富的管理经验,能够更好地为业务部门出谋划策,为业务的发展插上数字化的翅膀。IT部门在数字化变革中的工作主要包括以下五个方面。

第一,构建数字化平台。一套可靠的数字基础架构是数字化变革的基本前提和基础保障,如果基础架构不稳定,数字化进程将很容易进入不断修复和调整的低效循环中,不仅总体进度无法保证,还有可能陷入整体推倒重来的窘境。因此,在数字化平台搭建的过程中,IT部门需要开展深入的需求分析和系统设计,综合考虑稳定性、安全性、灵活性和可扩展性等因素,以确保数字化平台的高效性与可靠性。

第二,数据资产管理。随着数字经济时代的到来,企业重要的核心资产正在由固定资产向数据资产扩展,数据正逐渐成为业务高效运营的关键因素之一。IT部门在数字技术应用、数据资源管理等方面具有天然优势,因此成为企业开展数据存储与采集、打造"数据供应链"、挖掘数据价值的核心部门,从而为企业的运营管理提供强有力的业务洞察分析和决策支撑。

第三,深化安全保障。数字化技术、流程等的广泛应用,在促进企业高效运营、降本增效的同时,也带来了信息安全方面的风险与挑战,某种安全事故甚至会造成业务的停顿。这需要IT部门通过强有力的"人防、物防、技防"等手段,确保企业信息系统和数据的安全，防范网络攻击、数据泄露等风险，筑牢企业数字化变革的"防火墙"。

第四，支撑业务流程再造。IT部门在构建集约化运营平台的过程中，可以通过整合同质要素、同步并行处理等手段实现流程的优化。例如，新华三集团的IT部门成立了流程与变革管理部，专注于借助数字化手段消除无效、冗余流程，提升企业业务效率和敏捷运营能力。通过对技术服务销售流程的优化，企业有效解决了报价、进单、交付、合作、收入确认、财务核算等各环节衔接不畅的问题，优化后的流程时间同比缩短39%。

第五，助力人才数字化素养的提升。IT部门需要为企业员工提供数字化技能培训和支持，使他们掌握和应用新的数字化工具和系统，提高数字化素养和适应数字化变革的能力。为此，新华三集团的IT团队与人才研学中心合作开发了一系列在线课程，一方面，向全体员工宣贯数字化变革的意义和理念；另一方面，结合公司的实践案例提升员工的参与热情、增强其创新意愿。

此外，为提升数字化变革的针对性、有效性，公司的IT部门也在各业务线设置了ITBP（信息技术业务伙伴）职位。

ITBP在组织归属上属于IT部门，但其具体的职位部署将"前出"到业务一线，这样做能带来一系列好处。首先，ITBP将深化IT部门对业务的理解，进而主动发现如何借助数字化技术的优势，实现业务的创新、重构以及效能提升。其次，ITBP能够在IT部门的统一管理下，对所有的业务需求进行汇总分析，为中台建设提供重要的输入，从而减少重复开发、提升组件复用率。实践证明，ITBP模式是提升数字化变革实效的"加速器"和"力量倍增器"。

（三）聚焦业务发展实际，设计数字化变革路径

数字化变革的根本目的是服务企业发展，因此，在工作推进的每一个环节，我们都会密切结合企业发展不同阶段所面临的突出问题和难点问题，明确变革的重点工作，并由此形成了"三步走"策略。

第一步是系统化整合阶段（2016—2017年）：这一阶段的主要目标是加强数字化基础能力建设，在不到一年里，我们完成了杭州华三和慧与两大业务体的IT整合工作，通过统一的IT平台建设和流程优化，大幅提升了业务协作效能和运营效率，有效支持公司实现了超过200亿元的销售额，每年

节省上亿元的系统运维费用。

第二步是精细化管理阶段（2018—2020年）：在这一阶段，我们通过大数据、AI等新兴技术的应用持续提升业务决策能力。通过无纸化办公、移动化体验、精细化管理，公司更好地满足在移动互联网时代的用户体验要求。比如，通过广泛应用RPA（机器人流程自动化）机器人，公司85%的业务审核转为在线审核，审批时间减少62.3%，办公费用降低23.1%，每年可为公司节约超8 000人·天的成本；2020年新冠疫情防控期间，公司通过自研的Workspace桌面云解决方案，7天内实现8 000名研发人员在"一朵云"上协同开发，居家办公效能不降反升。

第三步是深化变革阶段（2021年至今）：这一阶段的重点工作是借助数字创新、数据决策、数智赋能，进一步重构现有的业务流程，重新思考业务规划及战略，持续推进基于数据的安全应用、透明管理、决策变革。同时，全面发挥企业大数据的价值，拉通从研发、市场、服务、供应链到财务、人力资源等所有业务单元的数据，以"一网统管"实现全域精准的业务感知及管理，助力企业更好地规避合规风险，提升运营管理效能，促进企业健康、可持续发展。在这一阶段，以新华三"数字大脑"、新华三商城、新华三未来工厂等为代表的一批数字化变革项目相继落地应用,有效提升了新华三集团的管理精细化和决策精准化水平。

第三章

变革的实践

一、做好顶层设计：建设全新的新华三"数字大脑"

数字化变革是一项系统工程，涉及企业经营管理的方方面面。因此，在数字化变革的整体架构层面，企业必须做好顶层设计，防止出现"数据烟囱"和数据壁垒，以确保变革的顺利有序推进。

在新华三集团 2019 NAVIGATE 领航者峰会上，我们正式提出了面向百行百业的"数字大脑"计划，致力于与生态合作伙伴开展智慧应用领域的创新，共同打造"数字大脑"，帮助广大外部客户提高业务效率、降低运营成本，加速数字化变革的智能升级。但我们要通过"数字大脑"更好地帮助其他企业，就应该首先把自己的"数字大脑"建设好。在此之前，尽管新华三集团已经开展了多年的数字化建设，但工作中依然存在一些亟待优化和改进的地方。

一是企业内部仍然存在"数据烟囱"。几乎每个部门都有自己的数字化系统，且系统之间是彼此孤立的。即使市场体系内部使用的各系统之间，比如PMS（项目管理系统）和CRM（客户关系管理）系统之间的数据也不是互通的。

二是日常管理的数字化、精细化水平不高。由于公司层面统一的数字化管理系统不健全，很多办公资产没有数据标签，缺乏"数字化身份"。为此，公司还发生过办公资产丢失的情况，这说明公司在资产管理方面存在漏洞。我们深刻地意识到，采取数字化手段让资产管理变得透明化、清晰化是很重要的。

三是还未完全实现用数据指导决策。例如，在每月的最后一天，我们会进行关账操作，但出具财务报告却需要近20天。这是一个值得深思的问题，如果我们的数字化系统之间互联互通的程度非常高，理论上关账后最迟次日就能够获得财务报告。然而，当时的情况并非如此，报告的数据只有经过清洗、去重、梳理等烦琐的步骤，才能最终呈现出来。数据获取的不及时，就意味着我们不能第一时间对企业的运行情况进行判断,这给企业制订生产经营计划带来了极大的不便和困扰。在各项费用预测方面也面临同样的问题,这导致我们无法对企业未来的生产经营状况,包括营业收入、毛利、净利润等进行精确预测。

要彻底解决这些问题,就必须加快建设企业的"中枢神经系统",将公司内部的数据打通,并实现逻辑化联动。在数据的逻辑化联动方面,微软公司就做得非常好,该企业的 Excel(电子表格)等办公套件都是高度逻辑化的,当在 Excel 中修改某个数据时,其他与之相关的所有数据都会得到同步修订。这就像移动支付一样,当一个人收到 100 元时,另一个人的账户就会相应地减少 100 元。从理论上来讲,我们的各个系统之间也应该实现这样的逻辑判断和数据联动。

新华三集团设想的未来蓝图是,只要进入这个"中枢神经系统"的"驾驶舱",点击鼠标,任何想要的数据、分析报告,包括资产数据、人力资源数据、研发的 ROI(投资收益率)、财经、产品、采购等信息,都能迅速地呈现,成为公司决策的有效依据。因此,新华三集团自身的"数字大脑"建设就加快提上了议事日程,并成为统领各业务模块开展数字化变革的顶层设计。

虽然我们充分认识到了"数字大脑"对企业的重要性，但也必须承认，即使是新华三集团这样拥有较强数字化解决方案能力的企业，要使"数字大脑"发挥出预想中的功能，也并非易事。在建设之初，有两个核心问题摆在了我们的面前。一是新华三"数字大脑"应该采用怎样的架构，才能既实现预想中的功能要求，又能有效适应未来技术的演进和迭代呢？二是"数字大脑"是一个复杂的"中枢神经系统"，模块众多、集成化程度高，应该如何推进"数字大脑"的相关建设，才能既保证工作的有效性，又确保工作的高效性呢？

（一）科学设计整体架构

未来"数字大脑"要达到的目标，是实现数据的全量打通和逻辑化联动，集数据采集、数据分析、数据治理、数据发布等众多功能于一体，以"一网统管"实时感知企业生产、经营、管理全态，提升决策效能。为了实现这一目标，我们首先对新华三"数字大脑"的整体架构（见图3-1）进行了精心设计。

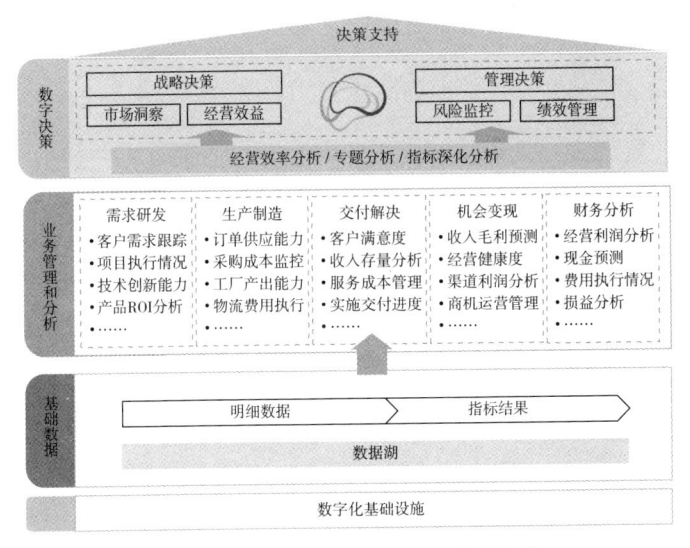

图 3-1 新华三"数字大脑"的整体架构

第一层是"数字大脑"的硬件：数字化基础设施。人脑的硬件架构是由无数细胞、流动的血液等组成的充满活力的血肉大脑；而"数字大脑"的硬件架构，则是由服务器、网络设备等组成的数字化"中枢神经系统"，能够很好地提供稳定、安全、可扩展的算力和网络服务，这是"数字大脑"高效运行的基础保障。其中，稳定意味着"数字大脑"具备可靠、持续不断地提供服务的能力，且在出现故障时，能够迅速定位并解决问题，从而快速恢复服务；安全意味着在任何时候"数字大脑"都能够严密地保护数据的隐私和完整，确保信息的可靠性、真实性，以及平台的安全性，免受不法分子的入侵威胁；可扩展则意味着"数字大脑"可以适应多变的业务场景，并且在面对未来的各种挑战时，能轻松地扩展算力，满足业务持续增长的需求。在构建"数字大脑"基础设施的过程中，新华三集团始终遵循稳定、安全、可扩展三项原则，实践证明，这为"数字大脑"在各种复杂环境中的稳定高效运行构筑了坚实的底座。

第二层是"数字大脑"的神经元：基础数据。当前，世界已经进入了以大数据应用为特征的数字化时代。在这一时代，数据成为一种新型生产要素，是驱动"数字大脑"有效发挥功能的基本输入和前提。为此，我们在保持数据业务属性不变的前提下，认证数据源并对数据进行质量校验、格式化和汇聚，形成数据湖，并在以下几个方面投入大量时间和精力：一是制定明确且统一的数据"入湖"标准，提高数据质量，通过运用自研的绿洲大数据平台（主要作用是对大数据进行汇聚、集成、存储、清洗、治理等），将公司内的各类数据，如视频数据、物联数据、业务数据、互联网数据等进行有效整合，确保数据能够在公司内部自由且安全地流动；二是基于企业运营管理需求，借助绿洲大数据平台的数据治理工具，通过进一步的清洗，将这些数据资源转化为可供分析和利用的数据资产；三是开放数据接口，为各部门、各类应用提供数据挖掘、数据分析等服务，以提升全体员工的分析与洞察能力。我们致力于通过统一的大数据平台和数据分析平台，提升数据的"聚、治、融、用"能力，使所有的数据被充分地挖掘，且被更好地利用。此外，我们还设计了数据的安全共享机制，对供应链、财务、研发、市场等核心数据实行分层分级管理，不同层级的干部、员工可以根据自己的职责范围获取相应的数据，以确保数据的安全共享，充分发挥数据资产价值。

第三层是"数字大脑"的功能区：业务管理和分析。新华三"数字大脑"在基础数据层之上，构建出一套针对不同业务模块的管理和分析功能，形成了各"子中枢神经系统"。这样的模块化设计具有三个特点：一是根据公司战略地图，建立了覆盖公司研发、市场、财务等核心业务流程的指标体系；二是聚焦公司一体化经营，全面覆盖公司重要业务流程，包括 IPD（集成产品开发）、LTC（从线索到回款）、ISC（集成供应链）、ITR（从问题到解决）等，降低了复杂性，使公司内部的各种资源和任务得以更加有序、高效地运转；三是根据业务特点，对明细数据进行责任定位，并实现自主分析和明细的下钻[①]。

第四层是"数字大脑"的决策中枢：数字决策。在成功构建前三层架构的基础上，新华三集团进一步搭建了一个以管理决策为核心的数字决策层。一方面，可以形成业务模型评价标准，通过模型对数据的校核，实现对业务运行情况的自动化预警，并快速定位问题所在，为企业运营管理提供决策支持；另一方面，可以综合各项关键指标的细致分析结果，进一步增强企业对市场的洞察力，提升战略决策效能，助力企业在复杂的市场环境中沿着正确的方向前进（见图3-2）。

举例来说，在新华三集团供应链数字化作战室，我们通过"数字大脑"汇集了供应链运营各个方面的重要数据，包括元器件、物料的供应情况，订单的交付情况，生产、库存、运输情况等。通过对这些业务运营情况的实时监管和分析，我们能够快速发现产能与供货方面的问题、市场前端需求的波动情况以及收益情况等，极大地提升订单的处理效率和决策的准确性，从而为企业的高效运营提供强有力的支撑。

---

① 数据下钻是一种数据分析功能，它允许用户深入分析数据的各个层次，以获得更详细的和具体的信息。

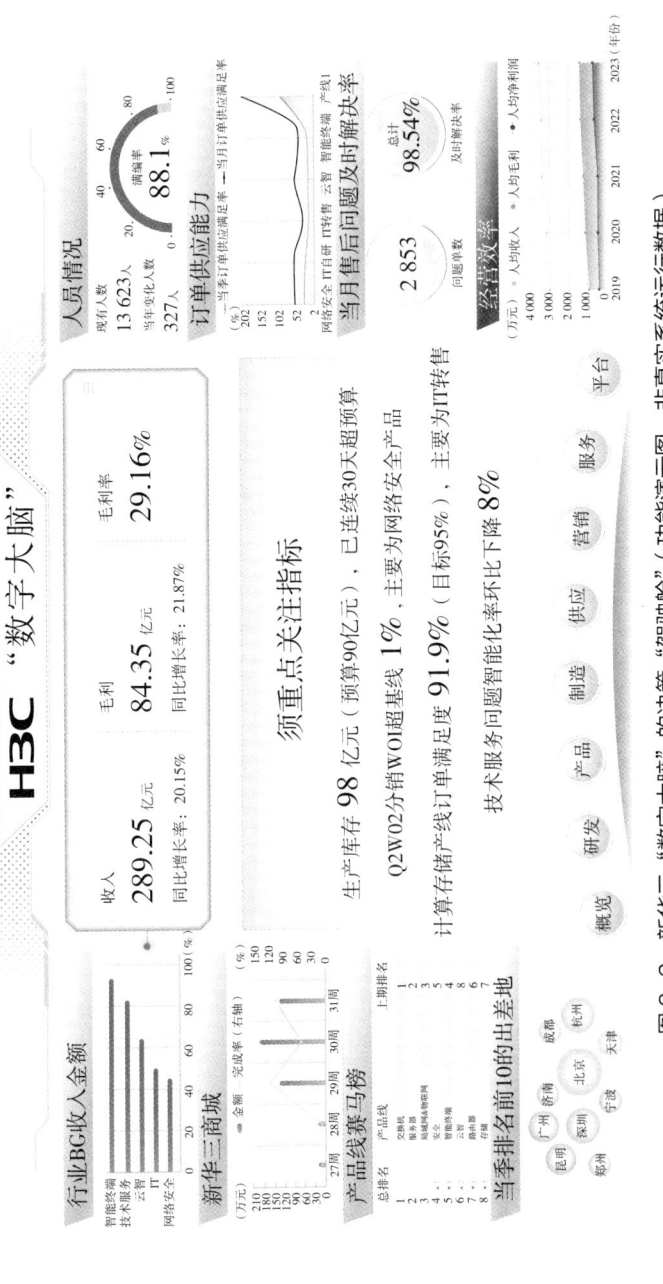

图 3-2 新华三 "数字大脑" 的决策 "驾驶舱" （功能演示图，非真实系统运行数据）

注：BG 为事业群；WOI 为周存货；Q2W02 为第 2 季度第 2 周。

第三章 变革的实践

总体来说，新华三"数字大脑"具有三个特点：一是能够让核心业务数据在共享与流通中得到及时的同步、刷新，并确保口径的统一；二是可以提供大量数字化看板及数据分析报告，方便管理层实时审视企业运行的情况，同时面向中层提供各类管理工具，提高公司的整体数字化管理水平；三是实现业务的全方位管控，能够对各类业务中的异常数据进行分析，及时发现业务中的不规范、不合理行为，并发起预警，助力企业健康稳定运行，以便更好地为企业高质量发展提供决策依据和数据支持。

（二）分步实施、协同突破

新华三"数字大脑"是整个公司的"中枢神经系统"和指挥系统，具有三个鲜明的特点。第一，它是一个基础性平台，很多业务系统都要使用"数字大脑"提供的接口和服务进行构建。第二，它是一个影响全局业务的平台，覆盖了公司各项核心业务的流程，影响面非常广。第三，它是一个长期使用的平台，在未来相当长的一段时期内，都将对新华三集团的业务产生影响。基于此，我们明确了新华三"数字大脑"建设的推进原则。

首先，在做好顶层设计的基础上，对功能不贪大求全，分步实施、逐步迭代升级。由于"数字大脑"覆盖了公司的各个部门、各条业务线，很难一次性将所有的事情想清楚，把所有的功能都规划到位，在建设的过程中也难免会遇到各种各样的问题。我们要做的就是聚焦"数字大脑"的建设目标，扎实、有序地推进各项功能的优化完善，发现存在的问题与不足，及时进行修正和调整，使"数字大脑"的应用场景越来越丰富、功能越来越完善、决策越来越智能。

其次，"数字大脑"是一个基础性平台，这意味着公司所有的业务部门都会使用它，也都会因它而受益。因此，"数字大脑"必须是一个公司级的项目，在建设的过程中必须有"集中统一的领导"。一方面，我们专门成立了由CEO任组长、CFO（首席财务官）和CIO任副组长的新华三"数字大脑"工作组，统筹工作的推进，高效解决遇到的问题，以形成工作合力；另一方面，我们也充分认识到，各部门的数字化建设成果将是新华三"数字大脑"整体功能的重要组成部分，要想建设新华三"数字大脑"，使其高效、顺畅运转，就必须将任务分解到各个一级部门，并督促部门成员投入时间和精力，把各个子功能模块建设好。

二、数字化变革的具体实践

在"数字大脑"整体框架的统领下,各业务部门都成为数字化变革的参与者、推动者,大家密切结合各自业务领域的工作,积极运用数字化技术和手段解决工作中的痛点、难点问题,形成了务实、生动的数字化变革实践。下面分别从平台、市场、研发、供应链、智能制造等业务领域,挑选出一些具体的案例。

(一)数字化人力资源:做最懂员工的人力资源部

在激烈的市场竞争中,人才资源是第一资源,特别是在当前科技制胜未来的时代背景下,人才是企业的最大财富,也是企业高质量发展的最大动能。但在传统的人力资源管理模式下,人力资源部的工作面临两大挑战。一是人才管理缺乏有效的数字化系统支撑,大量核心数据无法进行充分的挖掘和分析,进而难以高效地开展人才画像、组织画像、人才管理和数据决策等工作,制定人才战略只能靠经验、碎片化的数据"摸着石头过河",数据价值没有得到应有的发挥。二是合同签署、证明开具,甚至是一些信息查询等人力资源服务都在线下开展，办理周期长、效率低，越来越难以适应数字化时代的要求。基于此，我们从以下方面加速推动了人力资源层面的数字化变革工作。

第一，数字化人才招聘。每家公司都有自己独特的基因，都有自己的选才要求和选人眼光，同样一名员工，在 A 企业可以表现得很好，而到 B 企业可能就干不下去。在公司内部，同样一名员工，在 A 岗位干不下去，可能调换到 B 岗位就能胜任，甚至把工作干得很出色。究其原因，就在于不同的企业对同一岗位往往有不同的用人标准，即使是在同一家企业的不同岗位之间，用人标准的差距也很大。

过去，选人的标准往往是难以量化的，更多的是依靠经验甚至是直觉。在这种情况下，遴选出一名符合要求的人才，需要消耗大量的时间和精力。而在数字化时代，我们可以将优秀绩效员工身上所标定的基本数据和能力数据信息加以整合分析，通过数字化的方式沉淀下来，转化为人才画像，从而更客观地描述什么样的人可以有效适配企业的基因，以及将这个人放到什么样的岗位上能更好地发挥其价值。

基于此，我们以数字化的人才画像为基准，对面试评价表进行优化调整，引导面试官按照标准选人。目前，我们所有候选人的简历筛选、面试邀请、面试反馈、录用通知发放等业务完全在线上完成,所有的角色在线上就可以实现高效协同和信息共享。这有效提升了人才选聘的效率,助力我们更好地打赢人才争夺战。通过数字化手段的运用,公司的平均招聘周期从50天缩短至35天左右,效率提升约30%。

第二,精准的数据画像。在数字化变革中,通过数字化工具对员工进行全生命周期管理,人才的"选""用""育""留""励""汰"等信息,就可以在人力资源系统中不断地积淀,当这些数据积累到一定程度时,就会从一个确定概率的角度反映客观现实。因此,我们在数字化系统中不断积累组织、人才各方面的数据,建立了全方位的人力资源画像,包括人才画像(见图3-3)、组织画像、人才盘点、薪酬分析等,为人力资源管理提供客观全面的数据支撑,无论是人才判断、人才战略的制定,还是人力纠纷的处理都以数据为前提,极大地提升了人力资源管理工作的整体效率和效能。

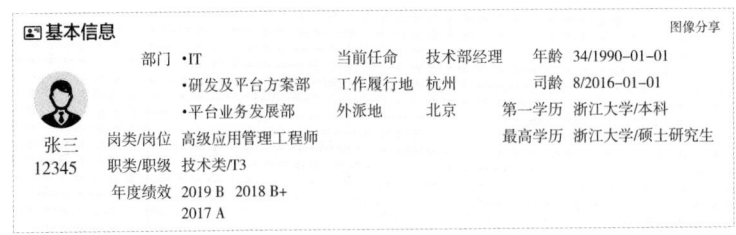

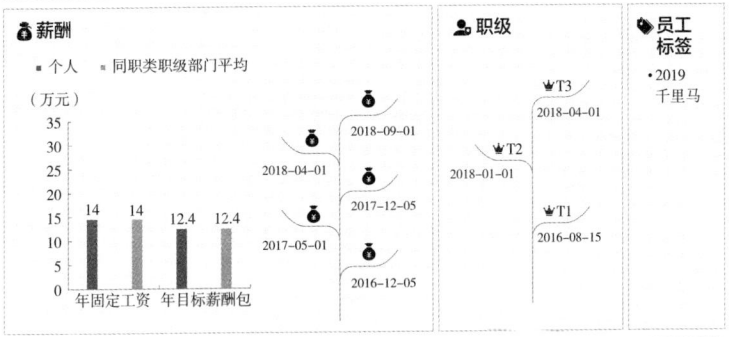

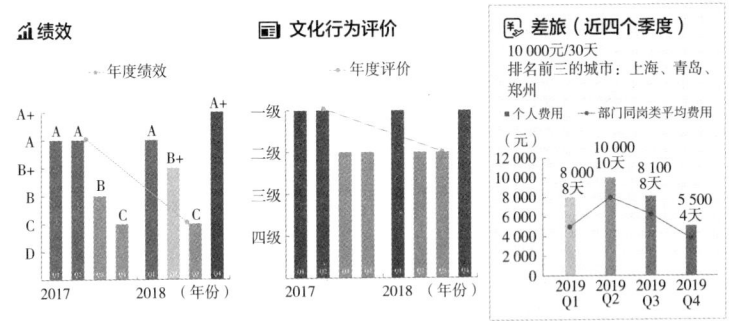

图 3-3 数字化人才画像

注：T1、T2、T3 分别为技术类一级、技术类二级和技术类三级；Q2、Q3、Q4 分别为第二季度、第三季度和第四季度。

第三，丰富的人才地图。我们从潜力大小、绩效高低两个维度，建立了一个九宫格模型（见图3-4），通过这个模型，部门主管可以清晰地看到每位员工处于九宫格的哪个位置。处于九宫格上面的员工就是被激励的对象，处于中间的员工是重点培养的对象，处于下面的员工就是需要重点关注和带动的对象。这样一来，部门主管只要进入数字化系统，就可以快速清晰地了解员工的水平，从而做出直观的判断；同时，人力资源部也能根据工作需要，在这些数据中快速开展筛选和识别，并精准地采取相应的措施。此外，我们还建立了干部能力透视八项模型，根据多维度的评分，看清干部哪些方面是强项，哪些方面是弱项，哪些方面优于公司的平均水平，哪些方面低于平均水平，以便更好地实现知人善任。通过数字化人才地图，公司的人才评估和优胜劣汰盘点周期缩短了30%以上。

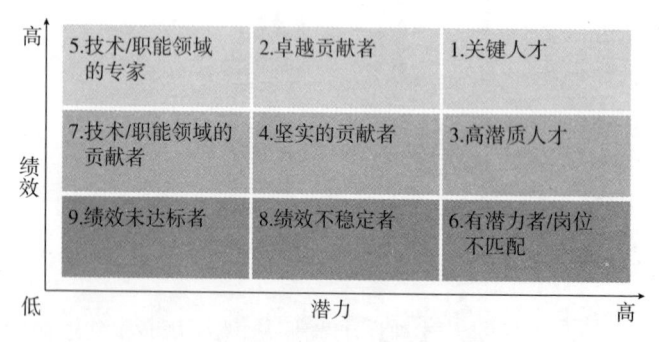

绩效			
高	5.技术/职能领域的专家	2.卓越贡献者	1.关键人才
	7.技术/职能领域的贡献者	4.坚实的贡献者	3.高潜质人才
低	9.绩效未达标者	8.绩效不稳定者	6.有潜力者/岗位不匹配
	低	潜力	高

图 3-4　数字化人才地图九宫格模型

第四，深入的员工离职分析。员工离职是人力资源管理中的一种正常现象，保持一定的离职率，不断吸纳新鲜血液是公司保持活力的一种必要方式。但是，关键岗位员工和优秀员工的离职对公司的影响较大，同时，离职率过高也会给公司增加隐性成本。因此，公司需要对员工离职进行适当的管理和干预，有效的离职管理可以帮助公司提前发现问题，开展有针对性的止损工作，提升在职员工管理的有效性。目前，通过数字化系统的搭建，我们可以高效审视各年度、各月份、各业务条线的离职率情况，更重要的是，离职原因也被纳入员工离职分析的范畴。综合这些情况，公司可以更好地审视当前实行的员工激励及晋升政策是否合理，从而更好地主动响应，做出有针对性的优化调整。

第五，贴心的员工服务。数字化时代，人力资源部的服务效率对于员工体验的重要性在逐步提升，特别是在以"95后""00后"为代表的互联网原生代员工大量进入职场后，人力资源部需要在员工服务和体验方面开展更人性化和与时俱进的尝试。为此，我们从员工的实际需要出发，按照自助化、智能化、更有温度的原则，设计了多种提升员工体验的在线服务，涵盖了"查""办""问""聊"多种服务场景。通过这一系统的应用，无论是劳动合同签订、证明开具，还是考勤处理等，均可采用自助服务形式，在平台上办理后可以立即获得数据或结果，不再需要到人力资源部线下办理。总体来看，通过一站式数字化办理平台的应用，员工花费在这些工作上的时间成本降低了80%以上。

（二）数字化差旅管理：降本增效与清晰透明的有效融合

无论对于哪家企业而言，差旅管理与报销都是非常值得关注的管理领域。因为这不仅涉及企业的整体利益，还涉及每位员工的切身利益。

对于新华三集团而言，差旅管理与报销更是需要重点关注的领域。新华三集团在北京、杭州设立了双总部，在全国建立了9大基地、54个销售与服务机构，在海外设立了17个办事机构，总共有近2万名员工。随着公司业务的持续拓展，以及客户交流、项目交付、品牌推广、招聘等各类活动的频繁开展，员工因公出差成为家常便饭。快速增加的出差需求与新华三集团传统差旅管理方式之间的矛盾日渐增多，公司面临的挑战越来越大，开展差旅管理的数字化变革迫在眉睫。

1. 传统差旅管理系统中存在的问题

在开展差旅管理数字化变革之前，新华三集团虽然对信息系统进行了相应的管理，但传统差旅管理系统存在 3 个非常明显的问题。

首先，差旅预订方式烦琐。员工出差至少涉及居住酒店、搭乘飞机/火车、市内打车等事项，而这需要员工使用至少 3 个 App（移动应用程序）来完成：酒店和机票在携程上预订，火车票在 12306 平台上购买，市内打车需要使用滴滴或高德地图。

其次，报销效率低、周期长。员工在出差返回后，通常需要花费 1~2 个小时对差旅费用进行报销；如果员工的出差时间长或者去的地方多，就可能需要半天甚至一天来完成报销。这个报销过程的效率有多低呢？员工报销的第一件事，是按类别和时间整理好出差期间的发票。第二件事，是打开报销系统，一笔一笔地逐行填写这些费用的金额、税额、用途等信息，待全部填写完毕后，提交审批。第三件事，是将报销系统中的报销单打印出来，并打印若干张报销粘贴纸来粘贴发票。发票必须错落有致地粘贴在发票粘贴纸上，而且要用计算器分项加总每张粘贴纸上的发票额度，并写上总金额、发票的张数，签上自己的名字。随后，再把发票粘贴纸一张一张地贴在报销单背面。那些出差时间较长或出差地点较多的人，甚至能将发票粘成一本书那么厚。第四件事，是将"这本书"交给部门秘书。秘书会在积攒一批报销单之后，将这些报销单用快递邮寄给杭州的财务中心。

对于员工而言，他们不仅要饱受低效率的煎熬，还要经受报销周期长的考验。从他们提交报销单，到这笔钱经过财务的审批、存档和付款，平均要经历11天的周期。这对员工而言无疑是一个较重的财务负担。

对于企业而言，这个过程需要付出的成本更高。最明显的就是因报销需要支出的办公费用，如大量的A4纸、打印耗材、粘贴发票所用的胶棒，以及快递费用。此外，还有财务为了处理这些单据而付出的成本。财务在收到这些报销单据后，不仅需要大量的人力进行核对，还需要有专门的库房存放，新华三集团杭州基地的三楼就被专门用来存放这些报销单据。当然，还有其他隐性成本，比如因为报销而花费的人力，他们原本可以用这些时间去做价值更大和更重要的事情。新华三集团约有2万名员工，哪怕只有50%的人需要出差，每个月只报销1次，一次花费1个小时，那么每月也有大约1万小时人力资源的消耗。

最后，传统的报销方式也给违规报销以可乘之机。在传统差旅管理系统中，交通、住宿预订是员工自行完成的，公司凭员工开具的发票来报销。但在这一过程中存在信息不对称：发票是不是产生自与公司业务相关的差旅是比较难确定的。而这可能会被一些人用来牟取私利，比如有些人会通过违规渠道购买发票进行虚假报销。虽然发票本身是真发票，但其背后并没有发生实际的交易行为，这不仅会给公司带来损失，员工个人也涉嫌违法。除此之外，经常出现的现象还有顶额报销。公司曾经为了控制不必要的市内交通费用，规定了每月市内交通费报销的最高限额，结果这个旨在控制费用的规定却被一些人用来牟利。他们通过一些渠道购买市内的出租车发票，以最高限额来报销交通费，甚至有些主管还把这一政策当成自己给员工的福利，为违规报销行为"大开绿灯"。在这种情况下，财务收到的报销单据中，出现了一些连号的出租车发票，这明显是不合理、不合规的，公司对此及时做出了处理。

2. 如何通过数字化变革来解决以上问题

第一个举措是统一入口，采用统一的差旅预订平台。新华三集团与外部专业的差旅服务提供商——携程商旅合作，使携程商旅成为所有新华三集团员工住宿和机票/火车票的预订平台,同时与滴滴、高德地图合作,使它们成为员工市内交通的用车平台。这些平台全部接入员工企业微信的界面,当员工出差时,可以通过企业微信工作台进入携程商旅预订酒店、购买机票/火车票,通过滴滴或高德地图预约网约车。同时,实行"人、钱、票"分离,携程商旅、滴滴、高德地图会直接将员工的差旅数据与新华三集团的报销系统对接,还会将报销所需的单据,如酒店的住宿发票、机票的行程单、火车票报销凭证等统一快递给新华三集团的财务部,无须员工自己保存票据。这样的功能设计大幅提高了报销效率,得到了广大员工的认可。目前,在公司差旅活动中,住宿与平台的关联率在92%以上,机票的关联率在99%以上,火车票的关联率在97%以上,打车的关联率在93%以上。差旅过程全程数字画像如图3-5所示。

第二个举措是优化新华三集团的差旅报销系统,建立差旅申请平台。之前,出差申请形式五花八门,各部门都有不同的管理方式,既有口头申请、邮件申请,也有自建电子流系统申请;既有事前申请,也有事后申请,形式不一,缺乏统一的管理。在数字化变革过程中,我们首先建立了公司统一的差旅管理平台，规范差旅申请，从源头上保证差旅数据的规范性。对于传统差旅报销系统，我们并没有完全弃之不用，而是对它进行了大幅的优化和改进，毕竟员工已经对其非常熟悉了。例如，直接对接携程商旅和滴滴、高德地图的数据，员工只需勾选这些订单数据，就能形成报销单据，大幅提升了报销效率。

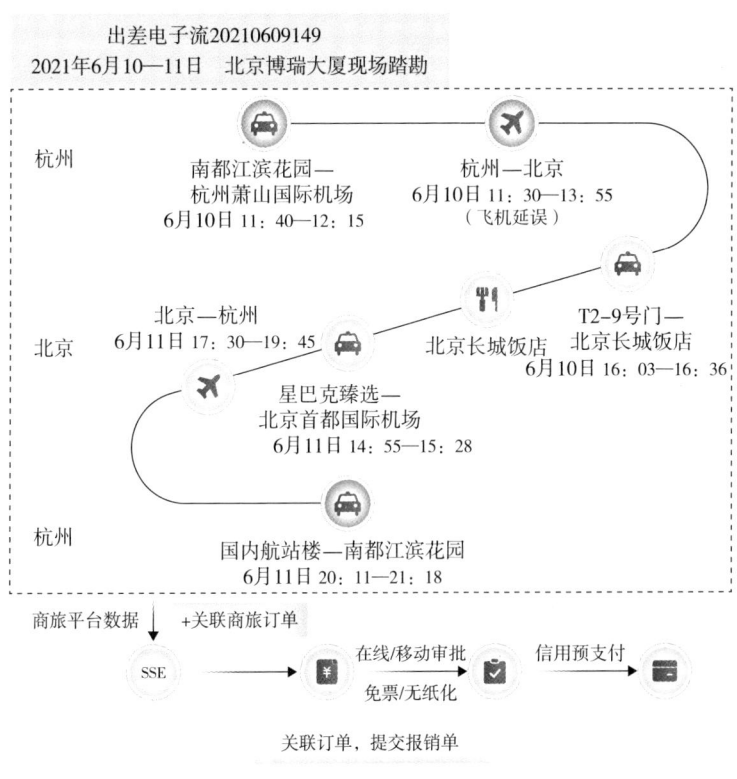

图 3-5 差旅过程全程数字画像

注：SSE 为员工自助报销系统。

第三个举措是强化过程监管，将监管的细节融入平台之中。我们将公司管理规则前置到每一个预定环节，设置了各类校验规则，在员工填报、业务审批、财务审核环节，实时预警问题与风险。对不符合差旅规则和报销标准的，系统会自动预警，自动提示问题所在，不符合要求的将无法下单，不能进行报销。将之前事后才能审计的事情，提到事前、事中进行监管。例如，通过日期校验提示员工超期；通过开票内容与费用科目的校验，提示员工填写有误；超标或超预算的费用，在未获取特殊审批的情况下不予提交；等等。对于异常情况或风险点，在业务审批与财务审核阶段进行专项提示，将监管落实到流程的每个节点，从而提升业务管理效能。

第四个举措是开展差旅数据的精准分析。以差旅数据为基础，可以描绘出公司、部门、人员等不同维度的差旅画像，如哪些航线比较热门，员工喜爱预订哪些酒店，提前订票天数，退改签次数分析，等等，还原员工的行为和偏好，在优化差旅体验的同时，还加大了差旅管控的力度，让费用透明、合理、合规。同时，还可以通过 AI 算法，预估当年的差旅总支出，使差旅费用成为可控成本，为企业管理提供更敏捷的信息支持与决策依据，驱动业务创新。

实行差旅数字化变革,是新华三集团在业务敏捷创新、科学管理、实现业财融合方面的一次重大实践,在有效提升报销效率、改善员工体验的同时,也为公司节约了成本。经过测算,在新报销系统上线运行后,平均年节约人力成本2 550人·天、纸张16.7万张、各项费用2 626万元。

(三)数字化反腐败:实现从事后处置向事前预警的转变

1. 一件发生在新华三集团的真实案例

某位2012年入职的员工,经过多年的努力奋斗,成长为某省代表处某行业的主管,并收获了一份甜蜜的爱情。无论是工作还是生活,他都是旁人羡慕的对象。可就在2020年,他被人举报私自在外开设公司牟利。经调查发现,其在2015年11月与他人合资开设了公司,且在2016年10月利用职务之便,将该公司引入认证为新华三集团代理商,之后通过该公司累计报单12个项目并从中获利。在调查过程中,新华三稽查部、相关业务部门、人力资源部多次与其沟通,动之以情、晓之以理要求其说明违规获利情况,均被拒绝。最终,该员工因私设公司并牟取不正当利益,触及《新华三集团员工行为红线》、违反《新华三集团员工惩处管理规定》且拒绝配合调查，2021年4月，公司对其做出解除劳动合同的处罚。通过进一步调查发现，其还有收受回扣的重大嫌疑，因其不配合调查，公司移交线索向公安机关报案。经公安机关立案侦查，确认其涉嫌非国家工作人员受贿罪，并于2021年6月被刑事拘留，同年7月被批准逮捕，后经法院审理，判处有期徒刑3年。

在被刑事拘留期间，他写下了悔过书：

进看守所已经两个多月了，我的罪行很严重，也许会被判5年、8年、10年……每次想到可能的刑期，我都会忍不住流泪。

我于2012年进入新华三，在公司的培养下，从一名稚嫩的销售人员逐步成长为一名成熟的销售主管。当一个个项目成功之后，我愚蠢地只看到了自己的功劳，却忽略了支撑自己的强大的公司和团队。我的贪欲让我彻底忘记了公司的规定，最终触碰到了公司的红线，违犯了法律，犯下了重罪。

回想这些年，我感到深深的后悔和自责。

新华三是我最想去工作的公司，在那里我找到了自信、自尊。我应该感恩公司给我这样一个穷苦人家出来的孩子，在一个城市立足的能力，而我却忘恩负义地践踏了公司的"领航者文化"和制度底线。我愧对公司对我9年的培养。

一个人犯罪,受罪的却是一个家庭。我的父母在得知我的罪行后痛不欲生,他们供我读书,希望我做一个善良的人,不承想我却成了一个罪犯。我不知道谁会看到这封悔过书,如果是和我一样的销售同事,如果你和我一样有过错误的想法和行为,请先想一想自己的家人,及时悔过,不要像我一样追悔莫及。

由于贪欲、侥幸心理和缺乏法律意识,我已经犯下了不可饶恕的罪行。我知道我的人生已经毁了,理想、爱情、亲情都会随着这次牢狱之灾离我而去……

这封悔过书情真意切,但一切都太晚了。一个原本有着大好前程的青年,却因为一时的贪欲,毁了自己的事业,也对家庭造成了伤害,这多么令人痛心。我们每个人都需要物质来满足生活中的各种需求,比如养家糊口、抚养子女等。但我一直强调:"君子爱财,取之有道。"爱财没错,但要用正当、合理、合法的方式,用自己的劳动和智慧来获取,这是新华三集团始终倡导的理念。这件真实的案例让我觉得作为CEO,必须坚定地维护新华三集团的核心价值观,让内部腐败无处藏身。

2. 腐败一定要彻底铲除

也许有些人认为，如果一个员工的能力很强，能给公司带来很好的效益，那么即使有一些腐败行为，也是可以接受的，对于公司而言只是损失一点钱。但我完全不认同这样的想法，内部腐败对一家企业造成的影响，从短期来看，似乎只是损失一些钱；但从长远来看，则可能会让一家企业失去竞争力。

首先，腐败会破坏企业公平、公正的经营环境，造成劣币驱逐良币的现象。对新华三集团而言，我们有大量的合作伙伴和供应商参与商业竞争和企业经营，其中最重要的一点就是要营造一个公平、公正的氛围。只有保持这样的氛围，才能吸引真正有实力的合作伙伴和供应商加入我们的生态之中。

一旦有人为了一己私利，滥用手上的权力，与没有能力和实力的公司内外勾结，申请低价获取高额不当利益，则真正有能力和实力且诚信经营的合作伙伴就会觉得不公平。长此以往，更多的渠道就会想方设法拉关系、找漏洞，从而让自己获利，而不愿意这么做的合作伙伴将会远离我们。到最后，就只有那些没有能力但善于钻营的渠道留下来，这必然会导致新华三集团的竞争力一落千丈，这是我们所不能容忍的。

其次，腐败会极大地挫伤员工的积极性，降低工作效率。企业的发展离不开每一位员工的努力，只有营造一个公平、公正的工作环境，让每一位员工都能够积极地、全身心地投身于工作中，企业才能不断发展壮大。如果企业内部存在腐败现象，则会极大地挫伤员工的积极性。原因很简单，如果单靠腐败就能获得更高的收入、更好的职位，且成为一种潜规则，那么积极工作、不断提高工作效率的行为就会显得"非常愚蠢"。一旦形成这种风气，公司业务的创新、发展、壮大都将无从谈起。

最后，遏制腐败也是为了更好地保护员工。我们开展反腐败工作，一方面要防止和消除损害公司利益的行为；另一方面也是为了更好地确定红线和底线，防止员工因一时的贪欲而断送个人的前程、毁掉家庭，从而最大限度地保护员工。

3. 构建"制度化 + 数字化"的反腐败体系

在推进反腐败工作的过程中，我们清醒地认识到，如同数字化变革，反腐败不是道德与合规办公室一个部门的事情，而必须从公司层面系统考虑，统筹推进。

（1）建立严格的、全面覆盖的制度体系

在中国历史文化中，人情文化已深入人心，"礼"经常会成为人际交往中的必需品。人们往往会在见面时带上一些伴手礼来表达对对方的尊重和友好，比如传统的点心，或是其他小礼品。这些伴手礼的价值虽然并不高，但是它们象征着一种情感的交流和传统的习俗。尽管赠送伴手礼的习惯已被人们广泛接受，但在企业经营场景中，可能会带来一些不良的影响。许多腐败问题都可以追溯到人们的认知误区和法律盲点。在某些情况下，人们对于腐败的严重性认识不足，往往是因为一些看似微不足道的小贪行为，从而逐渐滑向腐败的深渊。因此，如何在企业经营中恰到好处地用好人情礼节，避免损公肥私的现象，是一个需要认真考虑的问题。

在实际操作中，我们既要承认人情礼节的合理性，又要让人情在法律法规的合理范围内传递。因此，我们必须建立一套好的制度，好的制度能让坏人变好，坏的制度会让好人变坏。在一个腐化的环境中，人们很容易受到腐化的影响，变得随波逐流。因此，我们需要从制度上进行改革，让整个环境变得干净。

为了有效规范员工行为，我们制定了《新华三集团商业馈赠政策》。除此之外，我们还制定了《新华三集团干部纪律作风》《新华三集团干部管理规定》《新华三集团员工行为红线》《新华三集团员工惩处管理规定》《费用报销管理规定》《利益冲突政策》《商业行为准则》等多项管理规定和细则，进一步扎紧制度的"笼子"，以此来更好地约束干部与员工的行为。

要想在公司内良好地贯彻与执行这些管理规定，管理层就必须以身作则。比如，在《利益冲突政策》中，我们要求，员工与亲属及其他具有亲密私人关系的个人之间，不允许存在上下级关系。对此，作为新华三集团的CEO，我首先以身作则，在这一点上我从来不会妥协。只有我做到了，才能要求其他管理者和员工做到。除了我，新华三集团的其他所有高级干部都要带头践行这些规章制度。为此，我们在全集团范围内开展了"风清气正 行稳致远"活动，公司所有的一级主管都要在活动中分享自己的感悟与实践，并明确合规问题的反映渠道，让全体员工监督我们的干部。对内部腐败零容忍，我们是认真的。

（2）建立数字化的防范手段

对于反腐败工作，除了构建完善的制度，更重要的是要有科学的策略，以及有效的监管手段来及时识别腐败行为。而数字化的技术和模型，则为我们提供了强大的手段支撑。

一是利用数字化手段建立违规风险识别模型（见图3-6）。在反腐败工作中，与事后惩处相比，对一些具有苗头性、倾向性的问题做事前提醒和预防更加重要。而数字化的技术和手段，则为这项工作的有效开展提供了新的支撑。建设风险挖掘模型，通过深度挖掘数据，高效识别违规风险。第一步，在既有的违规过单、违规窜货、违规报销等稽查案件中，对风险行为的特征进行挖掘、识别、梳理、总结，并建立假设模型。第二步，获取局部数据进行建模，对假设模型进行实战化的验证，根据效果对假设模型做进一步的完善、优化。第三步，通过专业的数据清洗和高效的算法，将模型应用到公司的全量数据中，植入业务流程进行风险提示，同时辅助专项抽样、审计，定点稽查、高效打击。

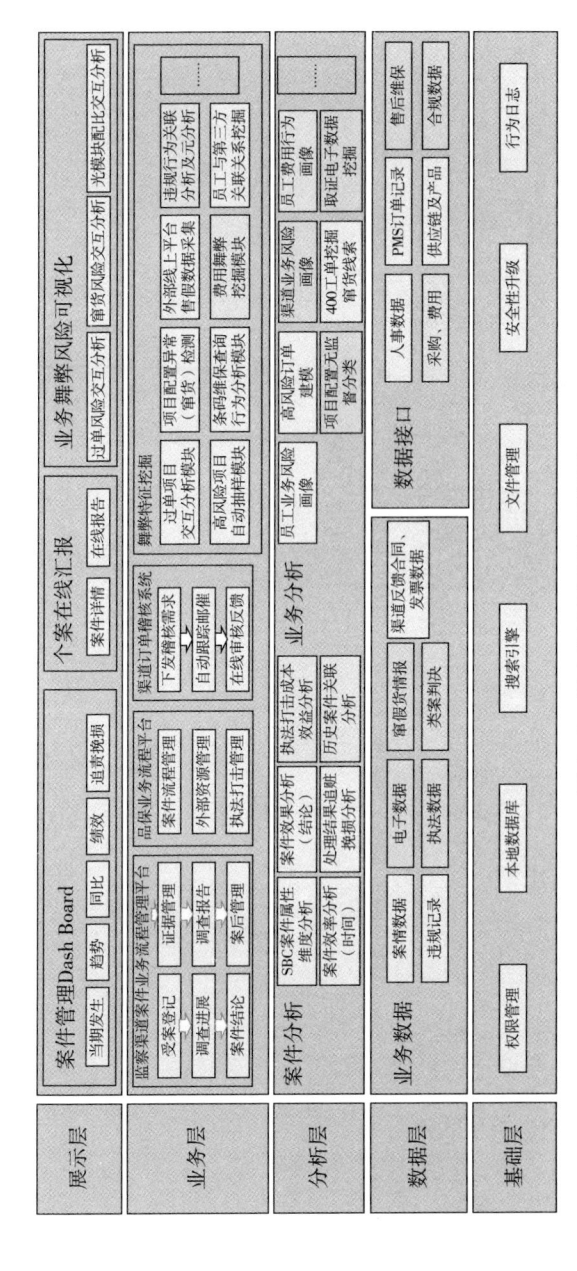

图 3-6 数字化违规风险识别模型

注：Dash Board 为仪表盘；SBC 为商业行为准则。

第三章 变革的实践　　121

比如，在规范原厂利益和渠道利益的关系方面，我们可以通过数字化模型，设定利益分配的合理阈值，一旦超过阈值，将自动预警，触发审计，为打击违规窜货、贪腐行为提供指引；同时，在阈值范围内，允许渠道自主拓展，获得更多收益。这种做法既能有效维护企业的合理利益，也能激励合作伙伴更好地发挥自己的潜力。近年来，通过运用这一模型，我们网络产品的毛利率明显提高，这无疑是一个巨大的进步。总之，应用风险识别模型，员工会意识到公司的数字化监管是无处不在的，在进行各项操作时能够更加明确自己应该做什么、不能做什么，自己的行为边界在哪里，从而增加敬畏心，更好地守住底线、不触碰红线。

二是利用数字化手段打击假冒光模块行为。某公司为牟取不法利益，在代理新华三集团产品期间，外采假冒的新华三集团光模块搭配主机销售，最后被客户发现并举报。2022年初，公安机关对该公司进行调查核实，确认其涉嫌销售假冒注册商标的商品罪，对其法定代表人兼总经理采取刑事拘留措施，并查没违法所得近百万元。后续该公司还将被判处罚款，法定代表人也将被判处相应的刑期。该公司作为金牌代理商，原本与新华三集团的合作非常紧密，每年业绩近亿元，但为了这些蝇头小利采取非法行为，结果得不偿失。尽管这一案件本身得到了有效处置，但假冒光模块行为既给客户带来了经济损失，在一定程度上也给新华三集团的品牌声誉造成了消极影响。因此，防患于未然才是处理此类事件的最佳方式。而数字化手段能给我们提供有效的支撑，我们是怎样做的呢？

首先，我们把历史上销售过的所有设备配置数据，按照不同行业、不同客户、不同使用场景，利用大数据技术分析出不同的光模块配置特征，从中提取出一些具有共性的要素，还原出特定行业、客户、使用场景下光模块的配置模型，并建立基线。当新的特价订单来时，此基线就可以自动判断代理商或者销售申报的配置是否合理。如果发现订单配置比例与基线有较大的差异，系统就会自动通知相关商务审批人予以重点关注。通过这种方式，督促一线代表处主动、提前识别问题订单，不让假冒光模块有可乘之机。

其次，大数据技术还可以有效追踪假冒光模块黑色产业链的线索，比如假冒光模块是谁生产的，标签和包装是怎么来的，谁销售的，卖给了谁……有了这些信息，我们就可以与公安机关紧密配合，全链条打击制假、贩假，更好地维护新华三集团的正当权益，维护市场的公平与正义。

4. 对企业反腐败工作的一些延伸思考

腐败的根源可以归结为人们对金钱的不正当欲望，这种欲望往往使人们失去理智，变得贪婪而腐化。追求财富本身并没有错，但必须以正当、合法的手段去获取。对于反腐败，我们已经建立了严密的制度体系，构建了数字化的预防手段等，但总体来说，这些手段都属于"堵"的层面。在我看来，企业要想有效遏制腐败，还需要从"疏"的层面采取措施。我们需要建立一套健全的激励机制，通过合理的薪酬福利和奖励措施，满足员工对财富的正当追求，让其感受到自己的价值得到了充分认可。这样一来，员工对财富的追求就会进入一个正向循环的轨道。

在改革开放的过程中，农村家庭联产承包责任制、企业计件工资制度的实施，对于推动中国社会经济的发展与进步，起到了至关重要的作用，在很大程度上是这些改革举措更好地激发了人们工作的积极性和创造性。而实行按劳分配制度，可以有效激励员工更加专注地投入工作，从而提升工作效率。这种分配制度的核心思想是按照价值创造的数量和质量来进行奖励，这使员工更加明确地了解自己的工作效率与报酬之间的直接关系。通过这种方式，员工会更加积极地投入工作，以获得更高的奖励和更多的满足感。

为此，我们持续探索建立灵活高效的激励机制。一方面，对于在重大项目中有突出贡献的团队进行及时奖励，以进一步激发、凝聚一线的战斗力，增强他们的工作动力，提高工作效率；另一方面，我们制订了新华三集团"雄鹰飞跃计划"，重奖超额完成业绩的业务部门主管，奖金上不封顶，以引导大家在激烈的市场竞争中攻坚克难、奋勇争先。

在数字化时代，正向激励制度的实施变得更加便捷和有效，这主要归功于我们能够实时获取和分析海量的"热数据"。这些数据就像不断涌动的生命力，为我们提供了关于员工、客户、市场需求等最新、最真实的信息。通过这些数据，我们可以详细地了解每位员工的绩效、工作习惯、职业发展规划等，从而为他们制定更具针对性的正向激励措施。例如，对于那些在某个领域表现优秀的员工，我们可以提供更多的发展机会，如晋升、培训和项目参与机会等；而对于那些需要提高绩效的员工，我们也可以及时发现并给予一定的支持和指导，帮助他们尽快提升工作水平。

未来，我们将继续运用数字化手段优化企业管理，在保持反腐败高压态势的同时，提升员工正向激励的效果，使全体员工更好地共享企业发展的红利，促进企业长远、可持续发展。

（四）首席产品经理"智能驾驶舱"：精细化产品管理的得力助手

首席产品经理制度是新华三集团推出的重要管理创新举措，它充分授权首席产品经理端到端地负责产品的全生命周期运作，在制度建设上实现了权责利相统一，从而有效提升了各产品线对市场需求的快速响应能力。

首席产品经理制度把传统PDT（产品开发团队）经理从业务后端推向了业务前端，每位首席产品经理不仅要对产品的开发质量、进度负责，还要对产品的销售收入、毛利、库存等负责。这一制度变化对首席产品经理提出了更高的要求和挑战，需要他们借助数字化手段更高效地开展工作。而之前，首席产品经理关注的指标信息都分散在各个业务系统中，获取这些信息需要从不同系统中人工收集、处理、汇总，输出报告既费时又费力，成本非常高，导致首席产品经理对业务的感知滞后。为此，在新华三集团的数字化变革中，我们运用数字化手段将相关系统进行整合，为首席产品经理提供了"智能驾驶舱"，以此来助力产品竞争力的不断提升。

1. 首席看板

我们的核心目的是，确保每一位首席产品经理都能够实时地、全面地了解自己负责的产品线运营状况，从而做出正确的决策。在设计首席看板时，我们遵循了以下几个原则。

一是实时性。我们确保所有关键的业务数据每天更新，使首席产品经理能够及时捕捉到最新的业务动态，而不仅仅依赖于周报、月报。

二是全面性。我们打通了企业不同领域和层面的数据，包括但不限于销售、财务、研发、供应链等，以确保首席产品经理能够从多个维度充分了解业务范围内的整体状况。

三是预测预警。我们的首席看板具备智能预警功能，可以在关键业务指标出现异常时，及时通知首席产品经理迅速响应，提前采取必要的应对措施。

四是可视化。我们的首席看板采用了各种图表，如柱状图、折线图、饼状图、散点图和热力图等，每种图表都针对特定类型的业务指标和需求进行优化，以确保数据的展示既美观又实用。

五是可定制。考虑到不同首席产品经理可能关注不同的业务指标，我们的首席看板设计允许用户根据自己的需求，进行个性化定制，选择他们最关心的数据进行展示。

目前，首席看板系统共提供41个图表展示，涉及90个数据指标。对于汇总指标还可以下钻查看详细数据，以便于发现具体问题。同时，所有图表组件均可以自由排列展示在首页上。首席看板自正式部署、上线以来，得到了首席产品经理的一致认可，已经成为大家制定决策过程中不可或缺的支撑工具。首席看板主要指标如图3-7所示。

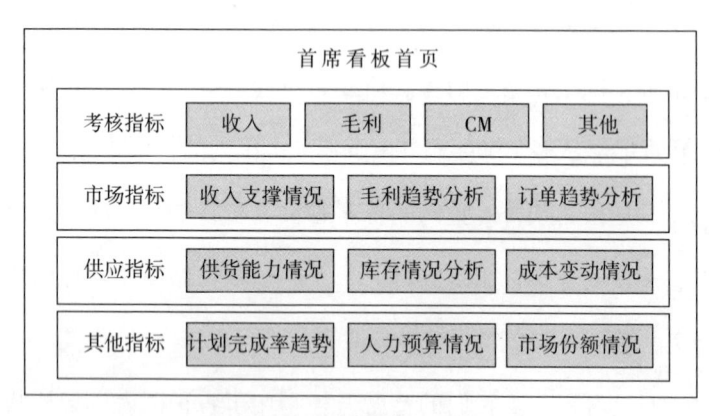

图 3-7 首席看板主要指标

注：CM 是用于衡量产品所贡献利润的术语。

2. 产品生命周期管理

企业发展需要不断推出新的产品，而新产品的发布就意味着旧产品的退出，这就要求企业对产品的生命周期进行全面、合理的管理。只有这样，才能有效避免出现产品库存积压、销售困难、新旧产品切换受阻、利润下降等一系列问题。

产品线首席产品经理要想从众多产品款型中，精准识别出竞争力不足或处于衰退期的产品，就需要全面、及时的数据支撑，包括产品销量趋势、库存、订单预测、利润、新的替代产品开发进展、产品在网质量表现，等等。而之前，这一系列数据分散在市场、供应链、研发、技术服务等业务部门的数据库，获取困难，时效性差。另外，对旧产品退出时机的判断，也缺少组织级方法论和决策依据的有效支撑，过去主要依赖专家的个人经验以及通过定期审查库存和预测得出的结论。但是专家的判断经验、审查频率的不同，会造成产品停产或停售时机选择上的差异，以及新老产品切换的异常，进而影响产品的市场竞争力。除此之外，在产品生命周期的管理、决策方面，缺少工具支撑和统一呈现，停产、停售、停服各阶段进展依赖人工确认和跟踪，时常会出现任务遗漏、重复决策等问题，造成管理和维护成本的增加。

随着公司业务范围的不断扩大和产品形态的日益多样化，产品生命周期管理的数字化变革势在必行。为此，我们全面拉通产品销售周期内的决策支撑数据，建立数据模型，为首席产品经理做好产品供需平衡、切换决策、质量管理等方面的工作，提供重要的决策支撑。

第一，打通跨部门"数据烟囱"，支撑产品全生命周期决策。产品生命周期管理数字化平台的上线，解决了跨部门数据获取效率低的问题，同时将新旧产品替代关系，由人工维护升级为数字化管控，使产品切换过程和产品供需数据透明化，以便于首席产品经理实时了解切换状态的健康度，及时调整切换、供需策略。此外，数字化平台将产品生命周期各阶段、各领域的工作，进行端到端拉通管理，有效解决了人工跟踪易遗漏、易出错的问题，进一步提升了工作效率。

第二，建立数字化模型，变被动响应为主动管理。产品生命周期管理系统基于各领域数据，建立了产品生命周期决策建议模型、风险版本评估模型等，智能识别衰退期产品、风险版本和新旧产品切换异常，变被动响应为主动管理，提升产品竞争力和版本质量，进而提升客户的满意度。

第三，产品生命周期决策建议模型结合产品的销量趋势、切换进度、库存、预测、解决方案配套等多维度评估因素，可以智能筛选市场竞争力下降的产品，并实时预警和评估。集分析、诊断、预警、决策于一体的智能决策平台，有效解决了产品退出依赖个人经验判断以及退出不及时等问题。

第四，风险版本评估模型，可以根据已发布版本的内外部质量表现和数据，评估其风险系数和等级，识别现网使用的版本类型，主动管理和回收风险版本，消除现网运行隐患，为客户提供更安全、稳定的服务。

3. 质量大数据平台

质量大数据平台（见图3-8）是公司质量管理数字化的基础。通过构筑客观、一致的数据底座，建立科学、可视化的质量模型，对复杂的质量数据进行解读，旨在客观展现产品质量现状，协助产品管理者制定有效的改进策略，促进产品质量不断改进与完善。

第一，打破体系壁垒，归拢分散的质量数据。在公司研发、供应链、技服体系中有各种各样的质量数据，这些数据分散在各自的业务系统中。首先，质量大数据平台将所有的关键质量指标汇总到统一的数据底座，各业务系统与数据底座实时同步数据；其次，对数据进行归类、统计、链接，使用各种数据模型在平台上进行展示，将原来分散的质量数据进行全流程、全业务、全组织的贯通。这使首席产品经理能够在这一平台上一站式获取各种关键质量数据，极大地提高了数据分析效率。

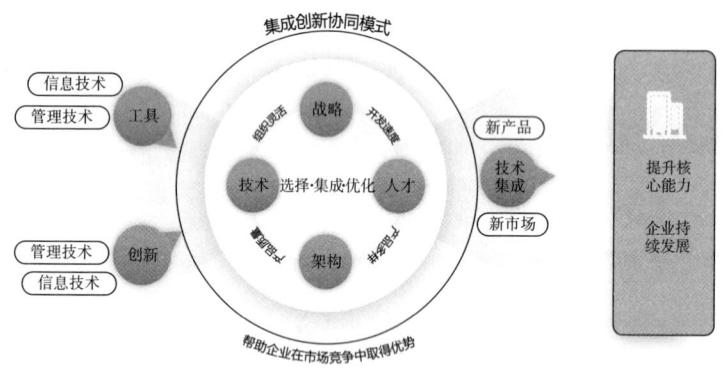

图 3-8 质量大数据平台

第二，建立质量评判模型，实现产品质量的多维度对比。质量大数据平台的建立，为产品提供了一个长期稳定的质量跟踪机制，能够使用统一的质量评判模型，为每个产品管理团队进行"雷达图"画像，从外部质量表现、软件、硬件等多个维度，使首席产品经理对不同产品管理团队的质量差异、质量短板一目了然。同时，这也有助于在产品线内部扬长避短、互学互鉴，进而提高整个产品线的质量管理水平。

第三，实时质量预警，人为提前干预。质量大数据平台在系统中设置预警阈值，当关键质量指标即将达到阈值时，系统就会自动触发预警以提醒首席产品经理关注。系统预警有多种方式：大数据平台滚动播放预警消息，首席产品经理在平台登录后就能立刻发现质量风险事件；同时，系统也会实时发送邮件，提醒首席产品经理关注质量预警，提前获知质量风险并进行干预。

质量大数据平台从"看：实时质量监控"到"管：质量预警干预"，再到"治：深入的质量改进"，已经成为首席产品经理做好质量管理、提高产品质量的有力数字化工具。

（五）iBox 智能投标助手：使市场一线作战更精准、更轻松

1. 快速响应客户需求并不是一件容易的事情

如今 ICT 领域的业务复杂度越来越高，比如，数据中心不仅包含各式各样的设备，还涉及设备之间密集而复杂的关联关系，这无疑对我们服务客户的技术水平提出了更高、更严格的要求。有时，即使客户只是提出了一个简单的设备需

求，也可能让一线的工作人员绞尽脑汁。

客户也许会对我们的代理商或销售人员说，他有网络建设需求，比如，大概需要覆盖多大的范围，或者他的预算是多少，希望我们能尽快回复方案和报价。需求听上去并不复杂，但这背后涉及系统化的技术和出方案能力。因此，我们的代理商或销售人员需要向具备深厚技术能力的一线工程师求助。虽然这种需求有时仅涉及基础的部分，但当全国各地的需求都集中涌入时，对于一线的工程师而言，处理起来就需要花费大量的时间和精力。同时，很多时候客户的需求是紧迫的，如果我们无法及时给出有效的回复和解决方案，导致客户等待时间过长，这将影响他们的体验感，长此以往，会给新华三集团的品牌带来很大的负面影响。

要妥善解决这一问题，最好的方式就是代理商或销售人员在接到需求的那一刻，立即给到客户想要的方案和报价。但根据需求匹配方案是需要技术能力的，把销售人员都培养成技术专家是不现实的。此时，我们可以利用数字化技术，把专家的智慧集中到一个智能化的系统中，把系统变成方案专家协助销售人员，这样一来，就相当于让每个销售人员都成了一名专家。

新华三集团的 iBox 智能工具箱就是沿着这个思路诞生的工具。

2. iBox 让每位一线员工都化身为技术专家

通过 iBox 平台，产品组合的配置需求可以快速生成或由合作伙伴自助完成。比如，针对网络产品的方案设计，通过向导选择对应的网络场景，按照客户需求输入支持终端的数量等参数，系统会给出设备型号推荐，在选择设备后，就可以从系统中导出配置清单、拓扑图和标准方案。在最终的配置方案确定后，还可以一键导入配置器 iConfig，并支持导入销售管理系统，方便销售人员下单。通过多系统联动，实现从需求输入、配置和报价生成，到最终下单操作的全流程数字化。目前，iBox 已上线交付 40 多类方案工具，覆盖网络、安全、云与智能、计算存储等业务场景。同时，针对普通情况和特殊场景，还可以提供低中高不同档次产品的快速配置方案。

另外，虽然 iBox 能快速给出配置方案，但在很多情况下，仅给出配置方案是不够的，客户还关注最终交付系统的综合指标，如超融合产品解决方案，客户的最终需求很可能是"这个集群系统可以支持多少个虚拟CPU（中央处理器）、有多少可用内存、有多大的可用存储空间"。这些指标往往还会与CPU的超配比、单服务器的硬盘数量、数据副本数量、集群中的服务器数量等因素相关。这个估算过程非常复杂，不仅会花费很多时间，还需要后台专家确认。为此，iBox上线了"超融合可用空间计算"工具，可以帮助一线人员快速给出估算结果，从而对最终的选型和配置给予指导参考。此外，针对兼容性、产品性能计算、资源计算，以及商务价格预估等需求，各产品线做了很多工具，都集成在iBox中，以便一线人员快速响应客户需求（见图3-9）。

资源计算类	估算类
AD-NET硬件资源计算工具　大数据集群规划工具 双精度浮点计算工具　　　HPE超融合系统资源计算工具	存储价格估算工具　　超融合性能评估工具 X10000性能估算工具

数据查询类	兼容性类
融合AC查询助手　　组网查询工具 堆叠查询助手　　　光模块查询工具 服务器典配查询　　SPEC成绩查询 ssd、网卡、内存选型工具　服务器部件资料查询 网络产品模块适配信息查询工具	云计算软件兼容性速查工具　H3C服务器OS兼容性查询 部件兼容的服务器查询　　　集中式存储兼容性查询 服务器兼容的部件查询　　　HPE服务器OS兼容性查询 云计算软件兼容性证书速查工具

图3-9　集成在iBox上的应用工具

注：AD-NET为应用驱动网络；SPEC为标准性能评估组织；ssd为固态硬盘；OS为操作系统；AC为无线控制器。

在配置高端网络产品时，涉及很多复杂的组件和考量因素，包括规格和特性是否达到要求，板卡和电源选择是否合理，端口安放位置是否符合客户使用习惯，等等。为了简化配置流程和提高配置准确性，iBox 工具引入可视化的思路，将整体机框视图显示出来，这样一来，增加的每一块板卡或电源都会实时显示在设备的面板图上。同时，借助 iBox 工具，用户可以在设计阶段统筹考虑部署阶段的板卡布局，使配置更加合理和灵活。

在配置完成后，iBox 还可以快速计算出所配置设备的最终规格，并支持在线查看配置和规格是否合理。此外，iBox 还提供了框式设备配置规格查询、盒式设备规格对比查询、产品硬件规格查询工具，方便一线技术人员快速配置并确认重点规格参数。

3. iBox 辅助招投标工作

新华三集团的业务主要是 To B、To G 领域，除了给客户提供配置方案，解答客户对综合指标的困惑，很关键的一个环节就是应对招投标工作，这直接决定了客户能否真正与我们达成合作。

在这个环节，市场技术人员需要做竞争分析，找出公司产品和解决方案的差异化优势，并合理配置产品、公司资质认证等指标，力求在竞争中脱颖而出。针对如此重要的环节，iBox 智能工具箱开发了一系列投标助手类工具。

（1）产品翻译器

这一工具能自动收集行业内企业在互联网或官网上公开的产品和规格信息，配合后台专家的建议，使新华三集团与行业产品的规格对应，并形成我司建议。

（2）指标在线生成工具

通过选择投标产品，可以快速查询所有的差异化指标和产品参数。面对许多严格的招标要求，能够做到一站式交付相关参数证明材料、举证材料。为了充分发挥一线作战团队的信息和经验优势，加速对竞争策略的响应，每一个详细参数还支持在线意见反馈，以促进招标参数的迭代完善。

（3）公司和产品资质竞争分析

通过分析我司商务资质和产品资质的优势和亮点，帮助一线人员充分利用我司的优势。

（4）IDC 市场排名及份额查询

IDC 作为重要的第三方资质机构，其出具的有关排名和市场份额的报告是很多客户关注的重点，在 iBox 上可查询各产品的市场排名和份额，方便一线人员利用好 IDC 报告。

过去，我们的售前工程师需要花费大量的时间来准备标书，多日熬夜加班是家常便饭。而现在，通过 iBox 辅助，可以在短短几十分钟内完成这项工作，不但大幅提升了工作效率，还有效提高了标书对招标条件应答的准确性。

4. iBox 帮助新华三集团洞察客户需求，发现技术趋势

iBox 智能工具箱绝不仅是一个机械式的自动化工具，更是一个极具创新力和智能化的高效系统。其卓越的功能不仅可以帮助我们深刻洞察客户当前的需求，还能揭示客户未来的需求趋势。它是我们在市场竞争中获取商机的绝妙帮手，有助于我们更全面地为客户提供及时、专业、贴心的服务。

iBox 智能工具箱具备极高的运行效率，可以在全年无休的状态下，高效、快速地处理多达 80 万份复杂的客户招标材料。通过对这些数量庞大、类型多样、内容复杂的材料进行详尽的分析，无论是客户需求的侧重点，还是需求的多样性，我们都可以对需求的变化情况有清晰且深入的洞察，从而更好地理解并满足客户的需求。

iBox 智能工具箱运用高精度的人工智能算法，全自动构建起一套针对客户需求的预测和发展趋势推演报告，这使我们从烦琐复杂的信息处理工作中解脱出来。凭借这些深入浅出的报告，我们可以更加精准地把握市场脉搏，捕捉市场动态的细微变化和技术发展趋势。同时，借助这些报告，我们也能够第一时间洞察市场的走向，快速找到最合适的战略调整点，从而为客户提供更加优质的服务，持续提升新华三集团的市场竞争力。

（六）iService 智能运维：业界首个在线智能分析预警平台

利用数字化技术和手段优化产品和服务、提升客户体验的工作案例，在新华三集团还有很多，在技术服务领域，我们着重向读者分享 iService 智能运维的案例。

1. 传统运维模式中存在的问题

新华三集团的主营产品是交换机、路由器、安全、服务器、存储等数字化设备。客户购买这些设备，大多用于建设自己的数据中心，一个数据中心少则需要几十台、上百台设备，多则需要几千台，甚至上万台设备，这些设备之间还需要互联互通、相互配合，这样数据中心才能正常运转，因此，数据中心的复杂度是比较高的。同时，在 To B、To G 领域的 ICT 产品，需要经过专业培训的运维人员维护，一个数据中心的复杂度越高，就越容易出现各种各样的问题，需要开展的运维工作也就越复杂。

当客户遇到问题的时候，他们会第一时间向新华三集团的技术服务专家寻求帮助。作为以客户为中心的数字化解决方案提供商，客户的烦恼自然是我们必须解决的问题，不但要解决，而且要争分夺秒、又快又好地解决。但不管我们怎么迅速地帮助客户解决，问题的产生一定会给客户带来损失。那有没有可能在问题产生之前，就能发现问题的苗头，并将其消灭于萌芽状态呢？

要做到这一点，就要充分运用数字化技术和手段，进一步重构运维服务流程，将数字化深入运维服务流程的每个环节。

2020年初,新华三集团技术服务部根据这个设想,提出了数字化服务方案,将数字化技术融入售前、开局、上线、维护、巡检等各阶段,实现服务业务的实时监控,提前发现风险点并自动预警,更好地保障服务交付质量。同时,在此基础上,新华三集团在2020年5月推出了iService服务数字中枢(iService.h3c.com),这是业界首个在线智能分析预警平台。

2. iService服务数字中枢变被动响应为主动预警

iService服务数字中枢的上线,将之前的被动响应式的运维模式升级为主动预警式运维模式。我们可以简单地把iService的服务过程理解为采集传输数据和分析诊断两个过程(见图3-10)。

新华三服务产品家族里有一款小工具被称为"标杆的神器"。这个小工具可以通过批量采集和自动巡检快速收集设备的状态信息,然后将数据脱敏,通过安全传输通道将信息传送给iService。虽然该"神器"在此场景下扮演的是数据收集器的角色,但它的功能是相当强大的。除了收集数据,它还可以对设备进行管理,帮助排查故障,进行安全扫描,集成

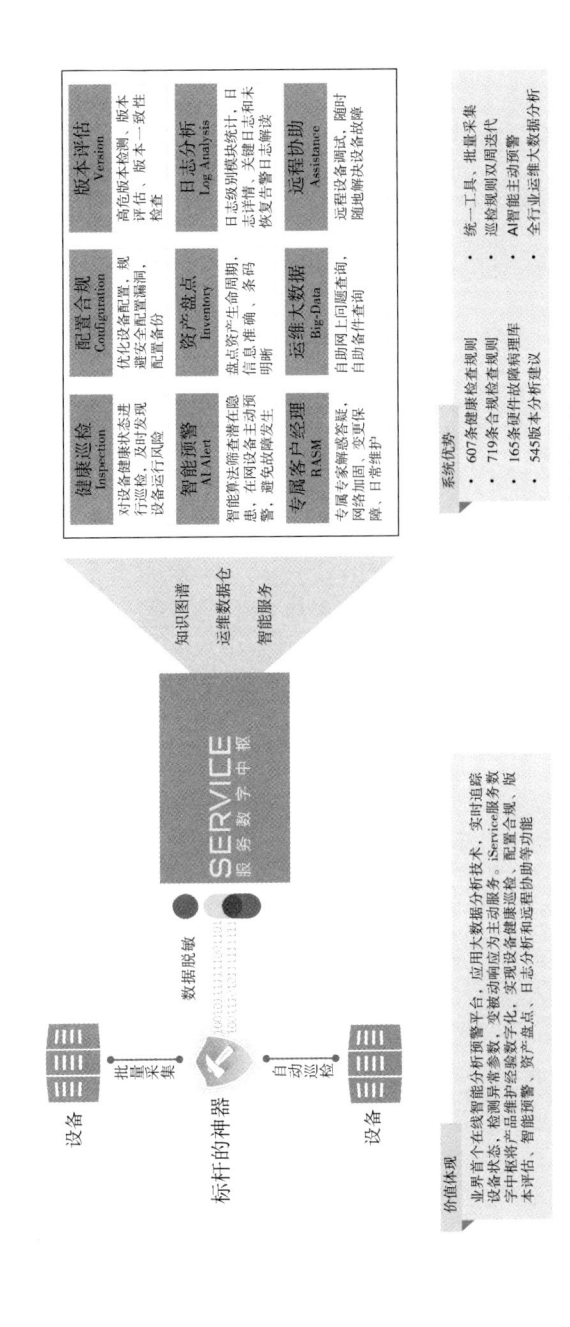

图 3-10 新华三集团 iService 服务数字中枢架构

健康巡检 Inspection：对设备健康状态进行巡检，及时发现设备运行风险

智能预警 AI Alert：智能算法筛查潜在隐患，在网设备主动预警，避免故障发生

专属客户经理 RASM：专属专家解答疑，网络加固、变更保障，日常维护

配置合规 Configuration：优化设备配置，规避安全配置漏洞，配置备份

资产盘点 Inventory：盘点资产生命周期，信息准确，条码明晰

运维大数据 Big-Data：自助网上问题查询，自助备件查询

版本评估 Version：高危版本检测，版本评估，版本一致性检查

日志分析 Log Analysis：日志级别模块统计，日志评估，关键日志和末次告警日志解读

远程协助 Assistance：远程设备调试，随时随地解决设备故障

系统优势
- 607条健康检查规则
- 719条合规检查规则
- 165条硬件故障处理库
- 545版本分析建议
- 统一工具，批量采集
- 巡检规则双周迭代
- AI赋能主动预警
- 全行业运维大数据分析

价值体现
业界首个在线智能分析预警平台，应用大数据分析技术，实时追踪设备状态，检测异常常参数变化，被动响应为主动服务。iService服务数字中枢将产品维护经验数字化，实现设备健康巡检、配置合规、版本评估、智能预警、资产盘点、日志分析和远程帮助等功能。

注：RASM 为基础维保 M500 价值客户服务提升专属客户经理。

了根叔的云图[①]等优秀功能。我们可以把 iService 理解成数据中心版的"电脑助手"。

在数据收集好之后，iService 就可以利用本身丰富的知识图谱和大数据，进行快速分析和设备状态诊断。作为云端部署的在线分析平台，iService 具有巡检规则双周迭代、检查脚本实时更新的优势，用户可以进行无感知体验，不需要单独更新分析软件。

iService 服务数字中枢能向客户提供健康巡检、配置合规、版本评估、智能预警、资产盘点、日志分析和远程协助等一系列功能，这些功能组合起来，让 iService 服务中枢真正成为提前发现风险、自动预警、主动预防故障的强大能力中心。

从上线至今，iService 服务数字中枢已经在许多场景中有效解决了客户的痛点，提升了客户体验，以下是三个真实案例。

第一个案例发生在 2020 年 5 月 19 日，公司技术服务部发出关于某款交换机异常重启的公告，5 月 20 日 iService 针

[①] 一款专门为工程师提供网络故障排查的工具，方便运维工程师随时随地定位设备问题。

对这条公告进行了接纳管理设备的分析，从海量网络设备中筛选出符合公告设备型号的在网设备210台，通过筛选公告触发条件以及客户排查，确定了8个重要局点，共有34台设备命中这条技术公告。我们把这些信息反馈给了对应局点的项目负责人，在"扫雷"后最终消除了安全隐患，有效预防了重大经济损失。

第二个案例发生在2020年12月21日，某单位一万台设备需要进行健康巡检。在常规情况下，这项工作需要人工花费几十天来完成，还不包括因为出错带来的返工与重复劳动。我们的工程师在了解客户的需求后，就向客户推荐了iService巡检服务，利用平台接纳管理了该单位的一万台设备，在一天内就自动完成了巡检任务，这么高的效率令客户非常满意。

第三个案例发生在2021年8月，某客户的现网设备出现电源故障，二线专家及研发人员定位后怀疑是电源批次问题导致的偶发故障，而排除此问题，需要对现网8 000多台设备进行排查，工作量巨大。由于之前该客户的设备信息均在iService平台上完成过巡检，iService通过分析问题的特性，使用现有数据和大数据分析功能，制定方案，争分夺秒地进行数据处理，仅用几个小时就完成了数据的筛查工作，成功排除隐患器件 1 个，获得了市场一线销售人员和客户的一致好评。

3. iService 服务数字中枢不断提升产品质量

除了为客户带来实实在在的好处，提升客户体验，iService 对公司产品的研发也有巨大的价值。

作为服务平台，iService 服务数字中枢纳管了大量 ICT 在网设备，其中所涉及的设备信息、健康状态等大量数据都被沉淀在平台之中。在数字化时代，数据经常被比作石油。这些珍贵的数据是一笔巨大的财富，不应被遗忘在数据库中，而应该被最大限度地开发和利用，以进一步优化我们的产品、提升客户体验，进而增强公司的市场竞争力。

依据对运维数据的深度剖析，iService 服务数字中枢已经为各产品线的研发工程师提供了大量关于维护性的数据支持。迄今为止，我们已经提出了 4 条关于园区交换机默认配置的建议，同时也提供了 18 个场景化性能叠加鉴定测试的典型配置。此外，基于 30 万条光模块相关的数据，我们还更新、优化了光模块性能的计算模型，为持续提升光模块的技术性能提供了有力的支撑。

（七）新华三商城：电商模式在 To B、To G 领域的创新实践

1. 为什么要建设新华三商城

当前，电商早已不是一个新鲜事物，淘宝、天猫、京东、拼多多、小米有品、网易严选等各有特色的电商平台，已经融入了人们的日常生活中。新华三集团很多家用的路由器、云屏、计算机以及一些简单的网络产品，也很早就与这些成熟的电商平台进行了合作，但效果一般，每年的销售额并不算太高。

同时，一些复杂、专业的网络、安全、计算、存储、云服务等涉及解决方案和技术服务的产品，由于技术和方案的复杂性，在 To C（面向消费者）电商平台上进行销售时也会存在一些局限。这是因为 To C 电商平台主要是面向消费者个人，而新华三集团的业务主要是 To B、To G。To C 业务在通常情况下提供具体的产品即可，交易链路相对简单；而 To B、To G 业务除了提供产品，很多时候还需要提供专业化、系统化，甚至是定制化的解决方案，以及专业的安装调试、售后服务，交易链路较复杂，To C 的电商平台功能不能完全满足 To B、To G 业务的需要。

此外，我们对新华三商城（见图 3-11）的功能定位，也决定了其不可能完全依靠第三方电商平台来实现。新华三商城不仅是一个销售与服务平台，更是利用互联网和数字化手段，实现与合作伙伴、末端渠道、用户直接交互，以及销售体系全流程扁平化、透明化、数据抓取、客户画像的重要工具。而这一建设目标，源自我们对传统渠道营销模式的反思。

图 3-11 新华三商城首页

20 世纪 80 年代，我国改革开放初期，一批西方的高科技企业纷纷进入中国。面对陌生的国家和文化，它们表现出了一些"不适应"。一是中国的国土面积庞大，而当时这些企业中充分了解中国市场情况的人才并不多，如何才能尽快实现对市场的有效覆盖？二是中国市场是一个全新的业务领域，有着与其所熟悉的西方市场体系完全不同的文化、法律法规，如何才能更好地满足其自身国家和母公司对合规的要求、规避经营风险？为了有效解决这两方面的问题，快速拓展市场，它们创造性地采用了渠道销售模式，即让更熟悉当地文化和法律法规的代理商来拓展市场，而这些外企只需管理好这些渠道就可以了。

惠普在 1985 年进入中国时，也采用了这种销售模式。截至 2021 年，这一模式仍在新华三集团沿用，但随着市场形势变化和技术进步，传统的渠道销售模式逐渐显现出了一些弊端，而此时，依然有很多人认为 To B、To G 的业务必须采用这一模式，但我并不这么认为。主要原因有以下两方面。

第一，时代变了，数字技术的发展极大地降低了原厂直接触达客户的成本。20 世纪 80 年代，一家外企要想在中国这个新兴市场里，用最低的成本在最短的时间内将自己的产品推广到最大范围，就需要快速地建立起一个有信任关系的销售网络。当时，相较于直销这种交易结构，渠道模式具备管理成本低、扩张迅速和有信任关系这三个优势，因此渠道销售模式是最优选择。但今天，从理论上来讲，互联网可以用极低的成本链接到任何一个人，同时能将大量信息传递出去，让客户对我们产生信任，这就使渠道销售模式不再是唯一的选择。

第二，传统的渠道销售模式也导致我们的工作出现了一些短板和问题，主要体现在以下两个方面。

首先，原厂覆盖面不足，难以触达很多中小企业客户。新华三集团的销售将重心集中在省会城市、一线城市，而对于三、四线城市以及县域的覆盖能力则较弱，这部分区域主要是通过渠道覆盖。这并不难理解，毕竟销售拓展市场的动力主要与获取业绩有关，三、四线城市和县域的业务机会少，一般不会成为人们关注的重点。而这导致我们很难直接了解中小企业以及下沉市场客户的需求。很多中小企业、微型企业，如服务业、餐饮娱乐业中拥有10~20名员工的微型企业等，往往无法依靠自身的能力进行数字化建设，也不具备相关的人才支撑，迫切需要得到像新华三集团这样的数字化解决方案提供商的帮助。但在传统的"原厂—总代理—多级渠道—末端渠道—最终用户"的商业模式下，中小企业、微型企业用户缺乏通路直达原厂。这种情况通俗一点儿说，即"你找不到我，我找不到你"。因此，新华三集团需要寻找新的方式，来更好地覆盖和满足潜在客户的数字化转型需求，提高自身在市场中的竞争力。

其次，在"直销+渠道代理"的销售模式下，产生了一些业绩混淆甚至是腐败等问题，推高了企业的管理成本。从理论上来讲，新华三集团的销售团队不应该拓展渠道的客户，而应由渠道自己拓展，我们只需给予适当的支持即可。然而现实情况却是，我们的销售团队与渠道有时会内外勾结，导致客户的来源模糊，这让我们很难区分哪些客户是公司直接拓展的，哪些客户是通过渠道拓展而来的。这一情况既不符合公司的价值观导向和"领航者文化"的要求，也干扰了公司管理层对市场格局的判断，掩盖了管理、资源投入和渠道利益分配等方面存在的问题。

同时，部分渠道与我们的销售团队，甚至与地区主管形成了"利益联盟"。由于每个地区代表处只有3~5个核心渠道名额，但更多的人想成为核心渠道，渠道之间产生了激烈的竞争，一些渠道试图通过与销售团队或地区主管"拉近关系"来获取投标授权资格，这在一定程度上导致了腐败现象的发生。更加恶劣的是，一些渠道在中标后，先向新华三集团的销售人员申请低价折扣，然后高价卖出，赚取差价，并将部分利润输送给销售人员。这种内外勾结的腐败现象，不仅直接侵蚀了新华三集团的利益，也给业务的长远发展带来了非常不利的影响。

此外，在线下交易模式下，产品从出厂，经过物流到达总代理，再到一级代理、二级代理，最后到达终端用户，缺乏全程监管，存在数据孤岛，很容易导致窜货等行为的发生。

这些问题迫使我们重新审视一直以来习以为常的销售模式，并寻求一种能够直达客户，且更加高效、便捷、透明的方法，而一个 To B、To G 的全栈式 ICT 线上商城，则给我们提供了一种很好的选择。

2. 如何建设新华三商城

依托新华三商城，我们以原厂直营为口号，联合渠道合作伙伴，创新 ICT 服务理念，打造原厂、合作伙伴、客户协同共赢的新模式。

第一，新华三商城是一个用户、渠道与原厂协同合作、直接交互的数字化平台。通过新华三商城，末端客户、中小渠道可以直接找到新华三集团，因此我们可以直接服务于末端客户和中小渠道。同时，我们也可以通过渠道覆盖更多的客户。此外，偏远地区的中小客户也可以通过渠道，方便、快捷地获取原厂品质的产品和服务。

第二，新华三商城能够为用户、渠道提供一站式的综合解决方案。传统电商平台的服务大多聚焦在硬件产品、软件产品和公有云，这远远无法满足用户系统性、多样式、定制化的需求。新华三商城除了可以提供上述软硬件产品，还可以提供包括ICT场景化解决方案、系统交付、技术服务、技术支持、知识赋能等在内的一站式服务，实现全栈交付和全过程透明可视。具体来说，新华三商城具备三位一体的ICT"系统化交付能力"。在新华三商城中，我们有超过20万款产品及配件，品种丰富、系列多样。同时，我们还提供数百套标准化的场景式解决方案，在线输入业务需求，即刻生成具体的框架图、配置表，方便快捷。此外，我们还有数千名技术专家在线支持，提供一对一的定制化解决方案服务，满足不同用户的个性化需求。

第三，新华三商城与多家金融机构联手，为广大客户和渠道提供快捷、低息的金融服务。针对一些合作伙伴的资金周转需求，新华三集团充分发挥自身优势，在平台中引入了第四方金融机构，如平安保理、浙商银行、华润银行等，它们可以为广大中小客户和渠道提供无抵押、纯线上、低利率、随借随还、简便快捷的金融服务。

对于企业特别是中小企业来说，资金周转往往是一个事关经营成败的重大挑战。一方面，中小企业由于自身的综合实力较弱，有时找不到适合自己的金融服务；另一方面，金融机构由于不了解这些中小企业的情况，在向其提供贷款时也比较谨慎。然而，随着数字技术的发展，信用保障的方式已经不再完全依赖于传统的担保方式，而是可以通过数据分析来判断信用等级。中小企业根据信用等级，能够更便捷、快速地获得贷款。这种模式对于合作伙伴和中小企业客户都有很大的价值，不仅能帮助其解决资金周转问题，还能通过提高其信用等级来助力长远发展。

第四，新华三商城实现了信息流、资金流、物流的全程透明可视。过去，在纯线下的业务模式中，货物发出后，对到达哪个环节、大概还有多长时间能收到货物等信息都无法做到实时掌握。而依靠新华三商城，从商品加入购物车到解决方案生成，再到报价、合同签订、订单生成、结算、发货、物流运输、售后维保，所有与用户相关的信息，商城都会以系统短信、邮件提醒等多种方式向客户同步，使广大客户和渠道享受原厂主导下的全链条品质保护。

其中很重要的一点就是，通过信息流、资金流、物流的分离，节约了大量的物流和仓储成本。过去，货物从原厂发出后，会先到达总代理的仓库，总代理要收取仓库存储费用，而总代理本身也要担负存储成本以及货物的安全保管职责；同时，从总代理发往二级代理、三级代理直至最终用户，又会涉及多笔物流中转费及仓储费。而现在，新华三商城发挥了"中央厨房"的作用，所有的代理商都可以实行"零库存、无实物"经营，直接"卖信息流、卖客户"，这样既可以赚取佣金，又避免了库存积压、货物保管的麻烦。而新华三集团则可以通过一次物流直接发货给最终用户，实际上，这是新华三集团、代理商和最终用户的"三赢"。

第五，建立了高效、优质的售后服务体系。客户可以通过商城、扫描二维码、400电话等多种接入模式进入服务模块。在线上，商城可以提供"金点子""施工图"支持，具体来说，就是可以提供解决方案、架构设计、咨询答疑服务，同时可以提供在线远程指导，无论客户身处何地，都可以享受"手把手"的贴心服务。在线下，商城可以提供"全流程""交钥匙"服务，具体来说，就是可以直接服务到家，上门提供设备安装、技术调试、紧急维修、日常运营维护等服务。用户再也不用担心因为自己的业务体量小、所处位置偏远，而得不到及时、可靠的服务。

新华三商城在提供"原厂直服"的同时，还认证了众多合作伙伴，并坚持服务标准的统一，能够采取原厂派单的"网格服务商模式"，根据响应速度最快、效率最高的原则，直接提供属地化服务，更好地满足广大客户的需求。

第六，打造"智选店铺"功能，促进ICT服务的生态繁荣。企业与企业之间的合作，是价值上的互补。放弃合作，只想着自己赚钱，从长远来看，损失的是自己的利益。尽管新华三产品线相对齐全、产品类型丰富，但仅靠自己是无法为客户提供多样化、有更多附加价值的服务的。如同一艘航空母舰，再怎么强大也有其局限性，只有和巡洋舰、驱逐舰、护卫舰、潜艇、补给舰等组成航母舰队，才能更好地执行作战任务。

正是基于这个考虑，新华三商城推出了"智选店铺"功能，让生态合作伙伴以第三方商家的身份在商城开店，其中包括独立软件供应商、独立硬件供应商、配件、知识付费、软件订阅以及文创礼品等商家，我们的目标是，只要是客户需要的、与ICT相关的产品，哪怕只是一根电缆、电线，我们都能在新华三商城平台上提供。只有这样，才能更好地为客户提供多样化的产品与服务，实现"登录一次，全部购齐"的目标。

3.新华三商城的价值不止于此

新华三商城对我们的意义，并不仅是创新了商业模式，降低了交易成本，它还有效解决了我们面临的一些其他问题。

首先，新华三商城有效消除了渠道模式下的内部腐败现象，解决了销售团队与渠道内外勾结的问题。新华三商城的上线使用让交易的各个环节都实现了数据化、透明化。从这些数据中，可以清晰地再现整个交易链条的信息。从产品离开工厂，经过物流到达总代理，再到一级代理、二级代理，最后到达终端用户，整个过程的数据都可以在新华三商城中查询到。同时，整个交易链条上各方的利益分配，包括审批节点、各级渠道的差价等，也都可以通过数据分析清晰可见，再借助内部数字化审计和反腐败的"卡控模型"，我们可以做到最大限度地消除"管理死角"和"模糊地带"，杜绝利益输送，有效保障交易各方的利益。

其次，新华三商城有助于构建长期稳定的合作伙伴关系，打造健康、富有活力的合作生态。新华三商城的上线，使很多外部合作伙伴心生疑虑，以为我们要抛弃渠道销售模式，担心这会挤压它们的生存空间，甚至在新华三集团内部，也有许多人误以为新华三商城的建立，意味着公司将完全转向直销模式，彻底消除中间商，这无疑是一个认知上的误区。

我们的确是建立了一个新平台，开辟了一条新道路，但这并不意味着要堵死老路。我们要承认老路的价值，但要将其中"不好、不符合当前实际"的部分去除，让那些真正为我们贡献价值的人得到应有的回报。过去，因为没有统一的平台与数据支撑，合作伙伴的利润可能是"混在一起的"，导致其中一些人获得了超出其实际贡献的收益。这样一来，必然会使有价值的合作伙伴的利益受损，打击其积极性。在新的模式下，我们可以通过数据评估合作伙伴的价值，并根据实际贡献进行利润的合理分配。例如，如果合作伙伴仅仅是提供帮助，那么它们就应该只获得1%~2%的利润，而不是过去可能达到的10%高额回报。如果合作伙伴能够真正为新华三集团带来业绩，那么它们就应该获得10%甚至是15%的利润份额。只有这样合理的利益分配方式，才能防止"搭便车"行为，更好地激发合作伙伴的积极性，并有利于新华三集团与有价值的合作伙伴建立长期稳定的合作关系。

我始终坚持一个观点，即在与合作伙伴的交往中，不能总是期望自己占有更多的便宜，而忽视了其他人的权益，这种商业模式是无法长久维持的。我们不能为了让自己多赚钱，而挤压合作伙伴的利润。只有所有参与者都从合作中获益的商业模式才能更健康、更持久，参与各方才能获得源源不断的收益。

4. 新华三商城的未来发展之路

新华三商城自 2022 年 5 月 20 日上线至今，合作伙伴、用户自主成交额累计突破 120 亿元。这样的成绩虽然令我们感到振奋，但依然没有达到预期。未来，我们还将继续努力，使新华三商城的业务规模占到公司总业务量的 40% 左右。目前，新华三集团的客户群体仍以大型企业为主，在充分利用新华三商城抓住长尾客户方面，还需要进一步努力。另外，我们目前的业务范围主要还是面向国内市场，未来，我们期望新华三商城能上线英文版，让海外客户也能与我们直接开展业务，更好地满足全球公众对美好数字生活的追求。

同时，依托新华三商城，我们还将探索建立一个 ICT 领域的"服务工程师"共享平台。在使用ICT产品时,需要专业的维护人员处理各种问题,很多中大型企业都有专门的运维部门来做日常的维护工作。但对于中小企业而言,建立自己的运维队伍还是一件困难的事情。

新华三集团有近6 000名服务工程师,看似人数众多,但如果让他们服务全国的客户,那也是不现实的。况且,原厂的工程师人力成本高昂,中小客户不一定能接受。因此,要想满足全国范围内的客户需求,就需要另辟蹊径,"盘活"中国庞大的IT从业人员资源。据估算,中国至少有100万名IT工程师,如果我们能够有效动员其中的10万名,将他们纳入"共享服务工程师库",那么他们就可以在新华三商城平台上接运维的服务单(与网约车模式类似),在全国范围内高效、快速地响应广大客户的服务需求。这样一来,可以有效解决运维人员不足和原厂服务成本过高的问题,极大地提高服务的及时性和客户满意度。同时,对于这些IT工程师而言,新华三商城不仅是一个可以获取收入的平台,更是一个能够提供技术培训的机构,使他们在新技术的浸润下不断成长和进步。

总之,我们对于新华三商城的愿景是,希望通过3年左右的努力,将新华三商城打造成为中国 To B、To G 领域产品最齐全、解决方案最丰富、服务与交付最高效的线上、线下相融合的特色商城。

当然,任何事物的发展都不可能一蹴而就,都需要给予足够的时间和包容度。曾经有内部的同事建议我们效仿互联网企业,通过"引流"、购买流量加速商城的推广,但我坚决反对这么做。无论是何种业务,对客户而言,价值永远是第一位的。尤其是新华三集团做的是 To B、To G 的业务,就算通过购买流量让网站的访问量一时大幅提升,如果无法提供符合客户预期的产品和解决方案,未来客户依然会离我们而去。我们要做的,应该是认真听取客户的反馈,根据客户的意见持续优化新华三商城的各项功能,让它使用起来更简单、更可靠、更安全、更友好,全力以赴为广大客户与渠道提供更好的产品和服务,以实现长期的合作共赢。

(八)中央实验室:数字化时代研发资源利用的创新与重构

作为一家深耕在 ICT 领域的高科技企业,新华三集团每年都会发布很多新产品和解决方案。这些新产品和解决方案,无一例外都需要经历开发、调试、测试和验证。这个过程会消耗相关的仪表、设备和机架空间等资源，为了保证开发进度，按时、有序地推进，这些设备和环境必须确保能够及时供应。

之前，我们所采用的方式是每条产品线自己购买设备，搭建实验环境，以确保测试资源满足团队研发的需要。同时，设备都挂账在各部门人员名下，由挂账人负责管理。通常情况下，这一模式基本可以满足工作需要，可一旦遇到紧急项目设备资源不足时，需求部门就只能四处打电话求援，跨部门协调，等找到空闲设备后，再搬运到新的实验环境里进行搭建。同时，随着新华三集团业务体量的快速增长，产品线的快速扩张与完善，每条产品线都有几十个甚至上百个产品机型，不同设备组网测试的工作量快速攀升。

在这种情况下，旧的测试资源管理模式的弊端逐渐显现。首先，设备和资产越来越多，各部门管理设备和资产的负担越来越重，甚至影响研发本身的工作。其次，各部门设备和资产没有实现共享，资源利用效率没有得到最大限度的发挥，容易出现相同设备 A 部门不够用、B 部门却空闲的情况。再次，这些设备散布在各条产品线的小设备间，在空间、散热和能耗上有非常大的局限性，用能成本高昂。同时，在当前

"双碳"的时代背景下,也不利于降碳减排。最后,跨部门甚至跨地域的设备调配,涉及沟通、运输、部署、调试等工作环节,需要耗费大量的人力和时间。而在 ICT 业界,不同企业之间产品的竞争是很激烈的,甚至是残酷的,往往晚一天发布,就会降低产品的市场竞争力,而跨部门设备协调很耗时,严重影响我们的产品研发和发布效率。

此外,随着新华三集团在百行百业用户覆盖率的大幅提升,用户的应用场景越来越灵活和丰富,跨产品线的解决方案测试案例日趋增多;在一个测试活动周期中,对设备查找效率的要求,以及对各部门申购设备和资产投入精准性的要求也越来越高。这迫使我们思考:如何利用数字化技术和手段,整合现有设备和资产?如何从传统的小部门管理转变为集中统一的资源池化管理,将设备转变为可共享的测试资源?如何将测试行为从不可见转变为可以实时掌控,以有效提升资源利用效率?

顺着这个思路,新华三集团启动了两个重要系统的建设。第一个系统是 iAM 资源管理平台。通过设备上架,收集设备的位置、状态和属性等信息,建设设备和资产的数据库。第二个系统是 iTC 测试云。让每个部门可以根据研发项目的需求,申请测试资源,如测试设备、测试仪器、服务器等。这样一来,新华三集团就实现了对设备和资产的数字化管理,设备资源的统筹使用从部门视角变成公司整体视角:一台设备究竟有无人使用,在什么位置,服务于什么项目都一目了然、清晰可控。这样的数字化管理极大地提升了测试设备的查找效率,能够更好地实现跨部门设备共享,大幅提高设备的利用率,同时节省大量的人力成本及沟通成本。

在此基础上,我们加快推进测试资源管理的组织变革,在内蒙古呼和浩特建设新华三中央实验室,将分散在全国各地的测试机房用云统一纳管起来,形成了一个集约化、规模化的测试资源集合,以最大限度地提高测试资源的利用率。一方面,解决了城市研发实验室空间不足的问题,节省了物料调配的人力成本、跨地域调配的时间成本;另一方面,大幅提高了多产品复杂组网测试的环境搭建效率。

同时,由于采用了云管理的方式,测试资源的位置不再那么重要,可以将耗能高的数据中心以及大量测试设备,从电力相对紧张、电价较高的中心城市,迁移到电力供应充足、耗能和电价较低的异地数据中心,进一步实现降本增效。例如,相比于北京、杭州,内蒙古呼和浩特的电价较低,通过综合计算，内蒙古的新华三中央实验室每年能节省一笔相当可观的电费成本，这些都是数字化变革所带来的成效。

（九）云上研发空间：数据安全与效率提升的"集成者"

作为一家高科技企业，产品的竞争力在很大程度上依赖于产品的研发和设计能力。随着大量数字化开发工具投入使用，新华三集团的产品设计、硬件开发、软件开发，以及相应的支撑流程都已经实现了线上化。开发出来的代码、资料和成果属于产品的核心数据资源，是公司的命脉，对安全性有着很高的要求。为了确保安全，研发区域的很多安全管理措施都是通过物理方式以及人力管理来实现的。

比如，市场或其他外部人员若要进入研发区域，除了须登记个人基本信息，每个人的背包也需要暂时寄存，不能将任何可以存储数据的装置带入研发区域，离开时也需要接受对带出物品的检查。而且，每个人使用的电脑设备都要上锁，所有外联端口如 USB（通用串行总线）都要进行封锁。同时，由于连接互联网可能会带来信息风险，所以研发所用的设备都不能访问外部网络，但很多开发工作又必须频繁访问互联网上的开源社区，这就造成了两难的局面。

这些物理方式或人力管理措施，不仅使来访者的体验较差，而且终端设备很多，大大增加了安保人员和运维人员的工作量。随着研发队伍的不断扩大，人们对协同工作、提高体验和效率的呼声越来越高，这种管理方式显然已经成为业务发展的瓶颈。那么如何才能做到安全与效率兼顾呢？

经过研究后，研发团队对后台系统重新进行了设计和优化。我们首先对研发后台进行分割，同时对工作桌面进行云化改造，依据保密等级不同，将后台分为三朵云，分别是涉及绝密级资料的红云、绝密级以下资料的黄云和基于互联网开发的绿云。每朵云都包括云桌面集群和对应的研发后台系统，云与云之间有严格的安全隔离和防护措施。开发者只有连到云桌面之后，才能访问对应的后台开发环境（见图3-12）。

使用云桌面之后，改变是立竿见影的，工作效率显著提升。

第一，工作体验更好了。云桌面的工作数据都在云端，通过技术手段保障数据不会在终端泄露。现在，在大部分研发区域，员工可以带上自己的电脑讨论工作，大大提升了工作效率。

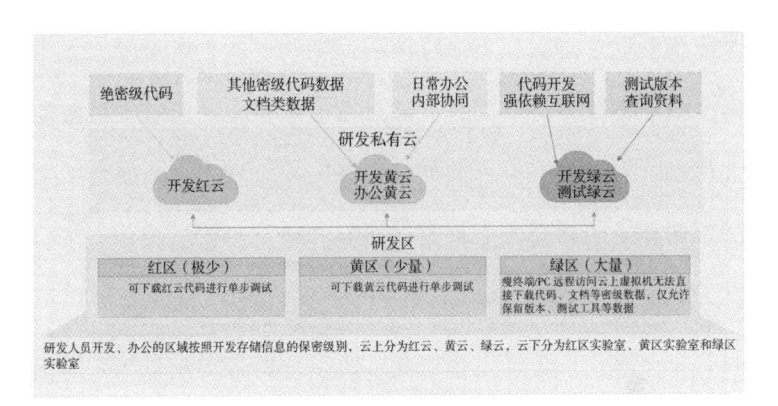

图 3-12 研发工作桌面的优化改造

第二，数据更加安全了。终端和云桌面服务器之间传送的只是图像和界面信息，所有的数据访问都发生在云桌面服务器和后端系统之间。只要通过水印的方式，就能提醒开发人员做好信息防护。

第三，能更好地保护数据。桌面信息和开发工作数据都可以按照流程进行备份，开发人员再也不用担心工作数据丢失。

第四，管理更加高效。现在，如果一个新人到岗，通过申请流程很快就可以给他开启一个云桌面，他可以立即投入工作。

第五，协同更加灵活。通过设置红云、黄云、绿云，将原有的部门级系统进行整合，在相同密级情况下，数据可以跨部门互联互通。在新冠疫情防控期间，员工居家开发无障碍，效能不降反升。同时，针对重点项目，还能够支持研发人员到客户现场开发；此外，还可以充分利用多地研发中心的场所和人力资源，实现多地协同开发。与之前相比，协同效率大大提高了。

云桌面的优势远不止于此。为了支持各类场景，云桌面还做了很多特性优化。例如，面向硬件设计的需求，提供vGPU（虚拟图形处理器）办公桌面，方便进行3D（三维）设计；面向培训和会议的需求，云桌面还支持视频播放的影院模式，以及很多工程师喜爱的双屏办公模式。

超大规模云桌面的使用，不仅改变了操作模式，还使与之配套的流程得到了简化和优化，在保障安全的前提下，完善了数据传递流程，大幅提升了公司的研发协作效率。

同时，新华三集团在云桌面应用领域的经验积累，加速了云桌面解决方案的成熟，通过与公司其他产品协同，打造出Workspace解决方案，成为新华三集团面向未来工作模式领域的"撒手锏"级数字化应用，被很多有需求的客户选用。目前，Workspace已经在政府、医疗、教育、企业、金融、运营商等诸多领域规模化落地应用，为不同行业、多种场景提供一"云"俱全、便捷、安全、高效的数字工作空间。

(十) 数字化供应链：推动"后方供应"与"一线作战"同频共振

1. 新华三集团供应链的优势与挑战

新华三集团之所以能取得今天的成绩，在很大程度上源于我们对产品质量和品质的专注和坚守。我们始终把产品的性能和质量作为企业的安身立命之本和生命线，因此，新华三集团的产品获得了众多客户的信任和青睐。在成绩的背后，供应链功不可没。

总体来看，新华三供应链在及时性和敏捷性方面做得非常好，能够有效支撑企业快速、准确地完成产品交付。同时，供应链与研发部门的配合也非常紧密，能够快速完成新产品的验证。尽管我们的供应链有着传统优势，但在开展供应链数字化变革之前，工作中也存在一些有待优化和改进的地方。

第一，对销售前端的支持不够及时、有效。在提交订单后，销售人员往往不知道货物什么时候能运输到哪里。当客户询问订单情况时，我们的销售人员无法给客户一个精准、明确的答复，这种情况无疑会降低客户对我们的信赖感。因此，提高供应链的透明度，使销售团队能够更快、更精准地了解订单的进度就变得极为重要。

第二，采购环节存在一定的封闭性，供应商的选择不够开放、透明，新合作伙伴的引入不够及时、主动。在这种相对保守的采购环境中，供应商之间没有形成充分有效的竞争机制，这意味着采购成本必然较高。这种采购的封闭性必须被打破，只有引入更多的竞争者，才能真正有效降低采购成本，确保我们在市场竞争中占据有利位置。

第三，在供应链管理实践中，我们的一些工作方式还停留在"Excel时代"，缺乏移动互联网思维，数字化程度亟待提升。长期以来，供应链管理人员在很多时候都是使用Excel来进行供应链管理的，在这一模式下，数据不能被有效利用，管理效率也非常低。这个问题必须加快解决。

第四，物流管理没有与时俱进，跟不上时代的步伐。在当今移动互联网时代，信息流、资金流和物流"三流"分离的理念与实践，早已在互联网公司实现并成功运行，这也是现代电商最大的竞争力。而新华三集团直至2016年还在坚持"三流"合一的运作模式，许多产品需要经过从原厂到总代理、二级代理等多级代理商的中转，经过多次运输和仓储。

这种运作模式不仅增加了公司的物流成本、仓储成本，还使公司无法掌握产品的最终去向，导致了窜货风险。

2. 对新华三供应链的反思

前述问题之所以存在，主要是出于两方面的原因。一是认知问题。当前，在互联网高度普及的时代背景下，我们可以看到各种信息流、资金流和物流高度整合以提高企业运营效率的案例。我们在享受着现代电商模式下便捷高效的物流服务的同时，却没有深刻反思自己企业物流业务中的不合理之处，没有充分利用数字化技术赋能自己的供应链，这是不应该的。二是对成本不够敏感、重视程度不够高。近年来，新华三集团的毛利情况一直较好，这使员工对成本控制工作的重视程度不够，没有做到精益求精，供应链的成本管理就像一条拧得很松的毛巾，里面藏了很多水分。然而，随着市场竞争的加剧，新的竞争对手不断涌入，客户的需求也日益多样化，这就要求我们必须更加注重成本控制和效率提升。

因此，我们必须思考如何充分借鉴数字化思维，在技术上确保在信息流、资金流、物流"三流"分离的前提下，实现物流的扁平化管理，去掉所有的中间环节，由原厂直达最终客户。

在对供应链改革的过程中,我们非常重视向业界的标杆学习。一类是以阿里巴巴、腾讯为代表的互联网公司,另一类是先进制造行业的优秀企业。2017年,我带队拜访了美的集团,在与美的集团CEO方洪波的交流中,我感触很深,也获得了一些启发。

第一个启发是美的集团供应链能做到4小时内供货。早在2017年,美的集团的产值就达到了3 000亿元,这样一个体量的公司,在物流管理方面的做法和能力让我大开眼界:美的集团要求所有供应商在生产需求的4个小时内将物料送到指定地点,这就意味着美的集团只需要保留4个小时的库存。相比之下,当时新华三集团的库存周期可能长达一年。虽然我们与美的集团的业务性质不完全相同,但这种供应链管理方式无疑能大大节省仓储成本,提高生产效率,非常值得我们借鉴。

第二个启发是美的集团成立了自己的财务公司,在供应链金融方面做了很多探索,对于有资金需求的供应商,美的集团财务公司可以提供金融服务。这种模式在一定程度上帮助供应商解决了资金周转问题,从而让整个生态更加健康,保障了美的集团供应链的稳定性，同时也帮助美的集团降低了成本，提高了收益。

通过对美的集团供应链的仔细观察与思考，我下定决心，在供应链管理上一定要进一步加大"拧毛巾"的力度，去掉中间所有不合理的环节和成本，让供应链变得更紧凑、成本更低、更具市场竞争力。

3. 新华三供应链变革的成效

在对新华三供应链存在的问题进行系统性反思的基础上，我们加快了打造新华三供应链"数字化作战室"（见图3-13）的工作进程，通过数字化技术和手段赋能供应链管理工作，推动新华三集团的供应链管理工作发生了巨大的改变。

以物流为例，从2017年开始，新华三集团彻底告别运行了14年之久的"多次运输、仓储"的物流模式。在不改变信息流、资金流的前提下，实现了物流的原厂直达，提高了效率，降低了成本，增加了整体收益。2017年，仅物流仓储费用就节省了近4 000万元。

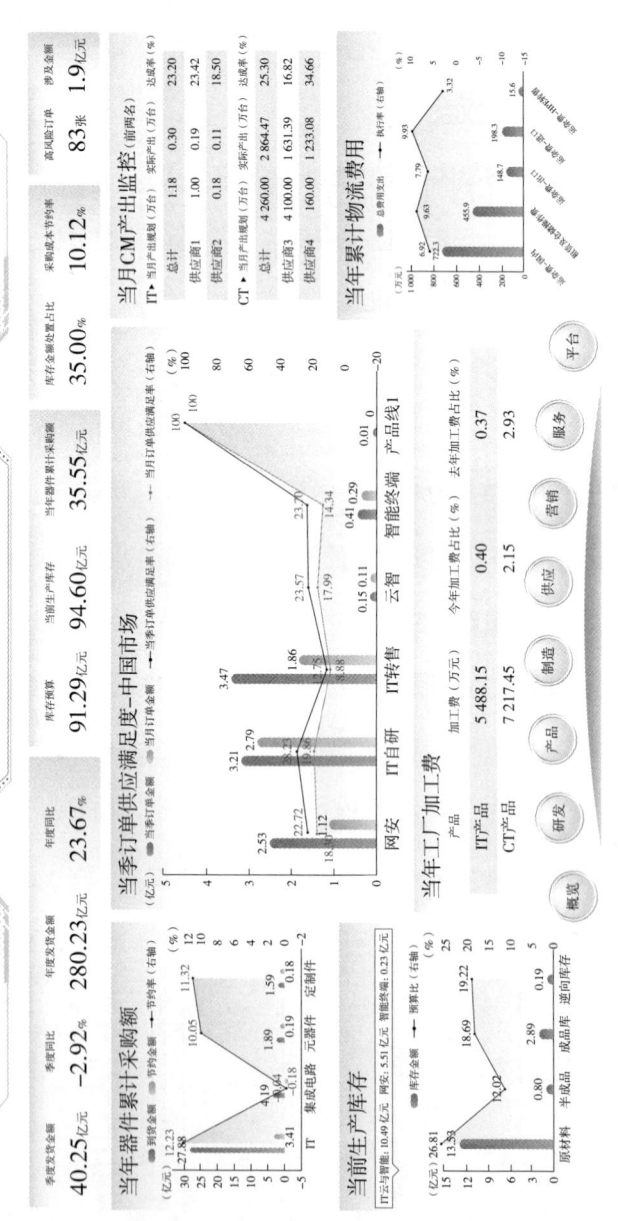

图 3-13 新华三供应链"数字化作战室"(功能演示图,非真实系统运行数据)

注:CT 为通信技术。

在数字化系统的有力支持下，新华三供应链管理的效率越来越高，订单处理效率提升30%以上，订单履行自动化程度提升11%；客户采用数字化对接，信息交互周期缩短80%以上，采购认证业务运作效率提升20%以上，低周转库存处置金额占收入的比重下降35%，可比器件采购成本节约率年均10%以上，供应链人均支持公司销售收入从5 111万元提升至9 853万元。

同时，供应与消耗变得越来越精准和平衡，每年新华三集团的产品需要约6 000种零部件，我们利用数字化系统对近6 000种零部件进行了监控与数据分析，对于每一种零部件的周转速度、消耗与库存关系都能完全掌握，并精准地预测原材料的消耗水平。在新冠疫情防控期间，全球的芯片出现了供不应求的情况。芯片从采购到发货的周期长达一年以上，这给生产经营带来了巨大的压力。但由于我们能够利用数据进行精确测算，并在数字化供应链变革中，建立了严格的消耗与库存水平线的平衡关系，所以安全地度过了这一时期，没有给企业生产经营带来太大的影响。

在供应链金融方面，新华三集团也取得了显著的进步。我们充分发挥公司的信用优势，与银行等金融机构联合，提供无抵押、纯线上、低利率、随借随还、简便快捷的金融服务，帮助中小企业获得资金支持。这也是我们更好地履行企业社会责任，推动产业链上下游生态高质量健康发展的具体实践。

另外，在当前全球供应链错综复杂的态势下，原材料供应商经常根据形势的变化，随时提出调价的要求，如果市场端的定价无法及时感知原材料的成本变化，则很有可能造成公司利润的流失。比如，当原材料价格下降时，我们的盈利水平就会提升；但当原材料价格上涨时，我们的毛利率就会下降。为此，在供应链的数字化变革过程中，我们运用数字化手段，建设了成本触发预警及调价机制模型，将原材料价格变动与产品定价有机挂钩。只要上游厂家的价格发生超出阈值的变化，就能在24小时内传导到定价体系，我们就可以及时对产品价格进行调整，实现原材料价格与销售价格的有机联动。这样一来，我们能够及时、有效地化解原材料价格变动给公司带来的损失。此外，对于那些市场波动大、销量大的零部件，我们利用数字化的精准预测，设计了一种快速的处置手段。比如，某些产品今天价值50元，但明天可能只值40元，再过两天可能只值30元，时间拖得越久，损失越大。在数字化手段的支撑下,我们能够更好地掌握市场供应态势,当这些零部件的价值快速下跌时,我们能及时"出手",避免更大的跌价损失。

总之,数字化变革的有效推进,为我们的供应链管理带来了巨大变化,通过及时、精准的数据支撑,我们可以有效防范风险、提高效率、降低库存,更好地实现"后方供应"与"一线作战"的同频共振。

(十一)新华三未来工厂:新型工业化的探索实践

新华三未来工厂位于杭州市萧山区湘湖未来智造小镇,占地 60 亩[①],总建筑面积 8 万平方米,主要生产高端服务器以及交换机、路由器、安全、无线等网络产品(见图 3-14)。之前新华三集团并不直接涉足制造环节,ICT 产品的生产主要依靠代工厂来完成。我们之所以转变思路,直接参与到未来工厂的建设中,主要是基于以下两方面的考虑。

---

① 1 亩约等于 666.7 平方米。——编者注

图 3-14 新华三未来工厂外景

首先，这是更好地保障新华三供应链安全、有效适应市场形势的需要。近年来，数字经济的蓬勃发展，推动各行各业对数字化转型的需求大幅增加，对产品和解决方案的品质、性价比、交付时效、供应的稳定性等提出了越来越高的要求。但正如前文所述，先前新华三集团产品的生产主要依靠代工厂完成，由于代工厂的毛利相对较低，净利润通常在1%~2%，很难投入足够的资金开展自动化设备的建设。在自动化程度低、劳动密集型的传统制造模式下，一方面产品生产在效率、管理等方面面临诸多挑战，另一方面也很容易导致产品质量不稳定。

因此，我们需要在自身的供应链体系中补齐生产制造短板，以更好地满足市场需求，保障公司业务长远发展。而充分发挥新华三集团的技术和解决方案优势，推动5G（第五代移动通信技术）、AI、物联网、大数据等先进技术与工业生产的深度融合，建设数字化未来工厂就成为我们进军制造领域的必然选择。

其次，这是打造工业互联网解决方案"实验局"、躬身入局新型工业化探索实践的需要。作为数字化解决方案领域的领军企业，新华三集团在2019年成立了工业互联网产业研究院，专注于将新一代信息通信技术和产品应用于工业领域，致力于打造数字工业融合解决方案，推动工业企业生产要素、价值活动、产业链上下游的互联互通和协同优化，以实现从工业感知到工业经济的价值传递。

但工业互联网解决方案是一个复杂的系统工程，涵盖了业务流程优化、产品服务升级、用户体验改善、商业模式创新、产业协同发力、社会责任承担等多方面的内容。因此，我们在打造解决方案的同时，也需要建设一个"实验局"来检验它的合理性、领先性，发现问题，解决问题并不断优化迭代，以更好地融汇数字力量，激发工业潜能，服务于新型工业化的建设实践。基于此，我们以AI+5G+IoT（物联网）技术，聚焦网络化协同、智能化生产、数字化设计、个性化定制、共享化制造、服务化延伸六大场景，打造了新华三未来工厂（见图 3-15）。

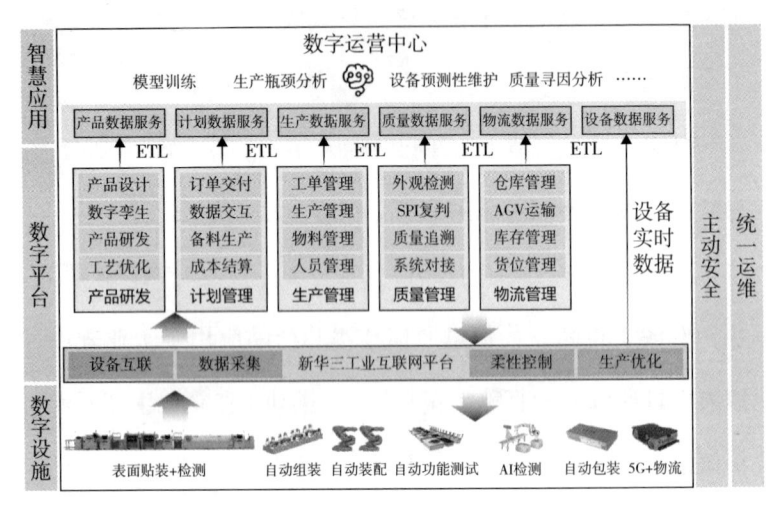

图 3-15 新华三未来工厂技术架构

注：ETL 用来描述将数据从来源端经过抽取、转换、加载至目的端的过程；AGV 为自动导引运输车；SPI 为串行外设接口。

近年来，新华三未来工厂先后获得浙江省"未来工厂试点企业"和浙江省"数字经济龙头项目"荣誉称号，并成功入选"2021年度工信部工业互联网平台创新领航应用案例"，以及"2022年度中国 5G+ 工业互联网典型应用标杆案例"。新华三未来工厂之所以能获得如此高的评价，主要是因为以下几个方面。

1. 一个集精益、智能、柔性、物联、绿色于一体的智能工厂

新华三未来工厂通过全面的数智赋能,实现了生产制造的数字化、集成化、平台化,成为智能工厂领域的标杆型案例。

第一,精益。和传统工厂相比,新华三未来工厂的员工数量同比减少了60%,人均产出提升了5倍,订单交付周期缩短了65%。用更少的人力,在更短的时间内带来更大的产出,也带来了更大的经济效益。

第二,智能。新华三未来工厂实现了单板的无人化生产,整个生产线的自动化率高达88%,远超业界同类工厂的平均自动化率,达到业界领先水平。

第三,柔性。新华三未来工厂实现了无感快速换线,换线时间从每次20~30分钟降到了3分钟以内(甚至可以瞬间完成换线),换线效率大幅提升。这里的"换线",指的是同一条生产线,当从生产产品A切换到生产产品B时,要换掉一些东西,如原材料、工装夹具、设备程序等。换线快的好处是不仅可以节省时间,更关键的是同一条生产线可以满足不同客户的定制化需求。在当前以及未来的生产制造中,定制化能力是赢得市场竞争的关键因素之一。对于客户来说,如果定制的产品和标准化的产品价格相同,当然会首选定制。

第四，物联。新华三未来工厂利用新华三工业物联网平台，实现了对60类1 500余台自动化生产设备运行状态的智能监测，实现了从被动解决问题到主动预防问题的转变，决策响应速度提升80%，设备故障停机率降低50%。

第五，绿色。新华三未来工厂利用新华三零碳智慧园区解决方案，实现对各类能源数据的全面管理及趋势分析，最大限度地减少能源支出，确保能源利用效益的最大化。同时，我们利用10 000平方米的屋顶，建设了分布式光伏发电，装机容量1 000千瓦，年发电量达100万千瓦·时，节约电费约80万元，年度减少二氧化碳排放990吨，努力为实现国家节能减排的"双碳"目标贡献自己的力量。

2.新华三未来工厂建立了服务性制造模式

新华三未来工厂建立了全链条、高效协同、全生命周期的服务性制造模式。

如前所述，长期以来，传统制造业普遍面临一个非常现实的问题，即供应与需求割裂、生产与消费割裂，制造企业无法及时有效应对市场需求的变化。因此，经常出现供不应求或者供大于求的现象，这对企业而言都是巨大的损失。要想解决这个问题，就必须利用数字化的手段将需求、生产、出货各个环节打通。新华三未来工厂就是这样一个全链条、高效协同的智能工厂，它对制造模式进行了深度变革。

在需求环节，新华三未来工厂实现订单需求高效协同。以客户服务器定制需求为例，客户会按照自己的个性化需求下订单。新华三集团ERP（企业资源计划）系统会根据客户的订单自动制订排产计划。简单来说，排产计划是要按照客户的到货日期，倒排什么时候发货、什么时候生产完成、什么时候启动生产，并自动计算整个生产周期，保证订单按时交付。ERP系统会根据排产计划自动生成生产工单，并下发给新华三未来工厂进行生产（见图3-16）。

图3-16　新华三未来工厂生产线

在生产环节，服务器的整个生产过程非常复杂，但生产过程大致可分为单板加工、单板组测和整机组测三大工序。

第一道大工序，是单板加工。这是一条全自动化加工段，单板加工是把电阻、电容器、晶体管、集成电路等安装到一块空白的印刷电路板上。在现代的电器内部几乎都能找到一块绿色的、上面有密密麻麻集成电路的板子，那就是单板。像服务器这种高精密的设备，需要加工的单板是非常复杂的。以 H3C UniServer R5300 G5 服务器的单板为例，需要贴装的零件数超过了 7 000 颗，因此对生产精度的要求是非常高的，自动化就成为单板加工的必然选择。

新华三未来工厂的单板加工生产线在工厂的二楼。单板加工有两面，被称为 B 面（底面）和 T 面（表面）加工，业内常见的做法是 B 面加工完成后取出板子，再放回插件设备中进行 T 面加工。而在新华三未来工厂，B 面、T 面加工是通过数字化系统和 BT 转面设备的协作配合完成的，实现了 100% 自动化、无人化生产。

第二道大工序，是单板组测。单板组测的目的是验证加工好的单板是否符合质量标准。简言之，这道工序是把测试用的 CPU、硬盘、内存条等器件插在单板上，通电进行测试，测试完成后再把这些器件拔掉，让原本的单板进入下一道工序。传统上这道工序是由作业员完成的，他们需要把一大堆设备器件逐一插在单板上，其中仅内存条就有32根，当然还有硬盘、CPU、散热器等各种器件，仅仅是插完这些器件就需要20分钟左右，此外还有测试的时间，非常耗时耗力。

新华三未来工厂的单板组测生产线，也是100%自动化的。从单板加工线出来的单板会自动进入单板组测线，完成单板的测试。这条单板加工和组测结合的全自动化生产线，是业界第一套全自动化生产线。

第三道大工序，是整机组测。整机组测是整机组装和整机测试的简称，就是把单板、内存条、CPU、电源、风扇、硬盘、机箱配件等组装成一台完整的服务器，然后对服务器进行功能和老化测试。

新华三未来工厂整机组装是整体制程段中最复杂、难度最大的工序。它能根据客户的定制化订单进行柔性生产，做到不管是哪个客户、什么配置、多少台的订单，都可以同一批进行组装。组装线采用了16支6轴机械手配合3轴机器人，能够完成大部分工序的组装。当然其中一些工序受限于机械手臂的灵活性，还需要人来完成。整机组装线是人与机器协同的一条生产线。

组装完成后，还要测试整机的质量。从外观上来看，整机测试线就像4排专门用于放置服务器的架子。它的设计结合了立库原理，有86个库位，还有3台高速垛机负责自动化取放，能够同时进行1 000台服务器全自动化的功能测试和老化测试。目前，新华三未来工厂是业界唯一能同时支持如此多服务器自动化测试的工厂。

最后，通过测试的服务器会被打包并发送给客户。通过整机测试的服务器，会被自动化物流系统送到位于一楼的整机包装生产线进行包装，包装好的产品会被放入自动化仓库。当满足发货条件时，这些产品会被直接发送给客户，并通过智能物流系统，跟踪每个订单的货运状态，确保及时、安全地送到客户手中。

3. 新华三未来工厂的自动化物流系统与自动化仓库

如果说自动化生产线扮演的是"生产者"的角色，那么自动化物流系统扮演的就是"搬运工"的角色，而自动化仓库扮演的就是"保管员"的角色。

在整个生产过程中，生产线会与自动化物流系统保持联动，各个工序所用的物料会通过自动化物流系统精准地送入生产线。生产物料所消耗的数据也会通过工业互联网平台实时对接到生产系统，驱动续料、叫料指令，保证生产的连续性。

例如，新华三未来工厂的单板加工生产线在工厂的二楼。装满原材料的"弹夹"会由提升机自动从一楼送上二楼。这里的"弹夹"不是指武器枪械的"弹夹"，但和"弹夹"的作用类似，都是为了实现标准化、自动化，可以简单地把"弹夹"看作装着同一批原材料并且能够让生产线自动补充原材料的标准金属箱。这里的提升机可以理解为物料和半成品专用的"电梯"，由数字化系统控制，能够和AGV联动。

当"弹夹"到了二楼，AGV会将它们从提升机上取下来，自动运输到生产车间，并把它们送进生产线。这些运输车在控制系统的指挥下，能够自动完成货物的"取、放、运输"全过程，且能精准地避开障碍物，不知疲倦地扮演着"搬运工"的角色。在新华三未来工厂，这样的AGV有56台。

新华三未来工厂的自动化仓库有多种，如缓存库、多穿库、贵品库等，各有各的用途，其中最亮眼的是自动化立库（见图3-17）。它之所以被称为"立库"，是因为它从一层一直耸立到四层，打破楼层的限制，俨然一个庞然大物。它采用精益化设计，共有 8 台高速堆垛机，料箱库位约 19 000 个、托盘位约 6 500 个，入库、出库全部由数字化系统管理，完全不需要人工干预。它运行起来令人震撼，不但取放精准，而且速度快、噪声小。尚未分拣的整垛原材料和包装好的成品，都会自动化存入这个立库中。

图 3-17　新华三未来工厂的自动化立库

新华三未来工厂生产线的自动化率高达 88%，这么高的自动化率是通过自动化生产线、自动化物流系统和自动化仓库高效协同达成的。

4. 新华三未来工厂的效率源于数字化技术的应用

新华三未来工厂之所以能获得各方赞誉，还因为其应用了大量的新兴数字化技术。其中，最典型的是数字孪生。数字孪生将物理世界的物体，在数字世界中搭建一个一模一样的模型。同时，传感器能够收集物理世界的数据，让两者同步联动。新华三未来工厂对数字孪生技术的应用，主要体现在以下三个方面。

首先，工厂设计阶段的仿真。设计如此高效的工厂是一件很复杂的事情，需要考虑的因素很多，如设备怎么布局，物料怎么存储、放哪里合适，物料在工厂里如何流动，如何安排人的行动路线，设备和设备之间怎样才能高效配合，等等。那么，如何才能找到工厂设计的最佳策略呢？这时，数字孪生技术就成为最佳解决方案（见图3-18）。

图3-18 数字孪生技术赋能未来工厂设计

注：SMT为电子电路表面组装技术。

在数字世界里，我们需要为整个新华三未来工厂和所有物料、设备等资源建模，模拟新华三未来工厂的建设，并对不同产品的生产过程、物流过程进行仿真、模拟。用低成本迭代的方式发现生产中的瓶颈，并进行有针对性的调整，找到最佳的生产策略。

其次，导入制造资源。这里的制造资源，指的是研发过程中所设计的产品数字文件。新华三集团不仅将数字孪生技术应用在制造过程，还应用在产品设计环节。因此可以衔接设计过程与制造过程，将制造资源导入生产过程，自动调取各设备运行所需要的程序，提高效率与准确性。

最后，实时监控生产状态。生产时，物理世界的数据能够实时反馈到数字世界，同步显示生产及物流的运营情况。一旦监控到异常行为就会实时警报，对生产过程进行干预，预防并减少故障发生，保证产品线正常运转。

在新华三未来工厂中，值得一提的还有AR（增强现实）数字车间系统。AR数字车间系统基于增强现实技术，能够实时获取生产数据与车间视频数据，向现场管理人员直观展示车间、产品线、关键生产环节、核心设备的实时生产作业情况，为生产决策、发现并解决问题提供了有力支撑。

通过AR数字车间系统，管理者能及时掌握当月车间产量与计划完成情况、当前车间生产质量、在制品完成情况、产线设备运行状况、产线产能等信息。管理者还可以快速查看机器上电脑运行的监控软件界面，深入设备内部查看设备的运行情况，如单板是如何蚀刻的、机械臂是如何将元器件安装到单板上的，如果设备内部发生异常情况，也能及时被管理者发现，及时处理。

管理者还能通过 AR 数字车间系统，开展远程智能巡线。智能巡线通过球机自动巡航转动展示产线实时视频画面，并直观显示当前巡线所处位置。巡线过程中，在重点环节及设备处会停留，自动打开对应设备标签展示监控画面，帮助巡线人员判断当前设备运行状态。巡线结束后，系统会展示本次巡线结果并自动存档，以便于后续回溯。

我们在车间内还部署了 AI 智能应用，辅助管理者识别车间异常违规事件，包括防静电工衣工帽识别、物品违规堆放、机械臂作业区域人员进入等。这些都能有效帮助车间管理者直观、便捷地进行远程管理，实现降本增效。

另外，未来工厂还应用了 5G、边缘计算、人工智能等新兴技术。整个新华三未来工厂园区实现了工业 5G 的覆盖，这是我们与浙江移动合作落地的重点项目，是浙江省最大的 5G

行业专网。新华三未来工厂利用 5G 实现了产线与实验室数据低时延传输，提升了在线数据处理能力；在机器视觉、智能物流、AR 辅助操作、安防等场景实现全面的 5G 赋能，并结合工业互联网平台，实现人、机、料、法、环、测全面可感可知、可感可控。

通过边缘计算平台与生产线互联，新华三未来工厂将设备层的感知反馈，交由边缘计算进行数据处理，并准确地上传到工厂数据中心，进行结果的分析与判断。

新华三未来工厂还基于人工智能技术，用工业视觉代替人眼，达到微观纳米级的检测要求，不仅检测能力更强，还改变了劳动强度大、人工目视检测的传统方式。通过模型训练，瑕疵识别准确率在 99% 以上。

对于新华三集团而言，未来工厂不仅是一个工厂，更是我们综合解决方案的展示平台、智能工厂解决方案的样板。结合新华三未来工厂的建设、运营以及对工业数字化转型的实践及理解，我们系统总结、输出经验，推出新华三工业互联技术战略（见图 3-19），目前已经赋能数百家企业加速数字化转型，成为国内少数拥有全栈工业数字化能力的解决方案提供商。

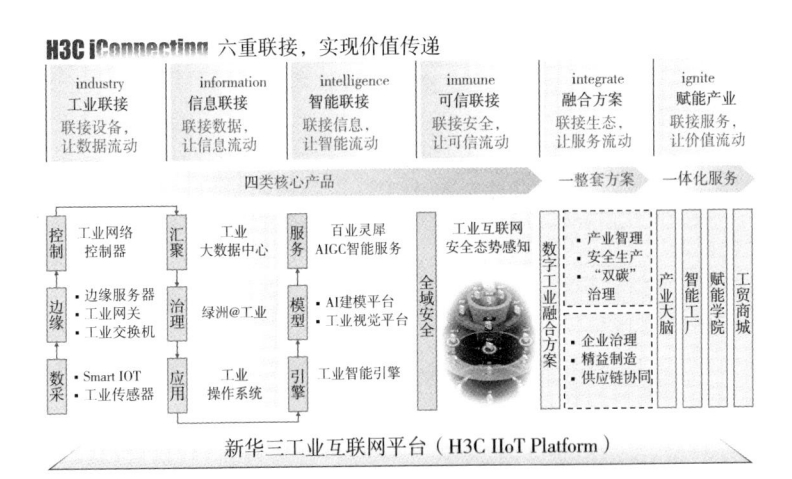

图 3-19　新华三工业互联技术战略

注：Smart IOT 为智慧物联网。产业智理中的"智理"为"智能治理"的简称。

正是得益于在新型工业化探索实践中展现出的强大能力，仅 2023 年，新华三未来工厂就接待了全国 9 个省（市）党政代表团参观来访，成为体现数字经济蓬勃发展的一张"金名片"。

第三章　变革的实践　193

第四章

变革的突破

虽然在前面的章节中，我们谈到了新华三集团数字化变革取得的实效以及带来的收益，但一个不可否认的事实是，推动数字化变革并不是一件容易的事情。在这一章中，我们将结合工作实践，谈一谈对数字化变革进程中所面临挑战的认识，以及对突破路径的选择与感悟。

一、数字化变革不是单纯的技术问题

当前，对百行百业来说，数字化变革早已不再是一道选择题，而是一道必答题。但如何交出一份满意的答卷，需要企业认真思考。

谈起数字化变革，一个常见的认知误区是：仅把数字化变革当成一个技术问题。有这样认知的企业，往往把数字化变革等同于花钱买最好的软硬件设备，雇用最厉害的技术专家，用最先进的数字化技术上云、上系统，等等。这样做的结果通常是花了很多钱，成效却不尽如人意。最后，管理者还可能得出这样一个结论：数字化变革不适合自己的组织。

站在数字化时代更好地促进企业转型升级的视角来看，数字化变革绝不是一个单纯的技术问题，因为数字化变革是通过重构组织、流程、文化、认知，重塑发展战略与模式，重新定义产品与服务，进而降成本、提效能、增利润、助发展，为客户、合作伙伴、员工、社会创造价值的过程。数字化变革除了需要完整的、系统化的数字化技术和解决方案作为支撑，还需要做好以下两方面。

第一，要加强面向业务和管理逻辑的顶层设计，以系统化的方法论贯通数字化变革的各个子模块。这是因为，如果没有面向业务和管理逻辑的整体统筹，即使有很多信息化设备和系统，数据也不会真正打通，进而形成数据孤岛，以致无法充分对数据进行清洗、分析和利用，从而发挥数据的价值。

第二，要把数字化变革作为一个系统工程，从公司整体层面强化领导、统筹推进。这是因为，数字化变革是一场深刻的"管理革命"，会带来既有工作理念、工作方式，甚至是利益格局的变化。尤其是对流程重塑、流程再造的重要性和困难程度要有充分的认知，否则，在数字化变革进入深水区时，工作推进容易受阻或流于形式，这甚至决定了数字化变革的成败。因此，数字化变革首先是思想的变革、意识的变革、认知的变革，然后才是运用数字化技术和手段，开展流程的变革与再造。只谈工具、不谈思想和意识是一种本末倒置的行为。

既然数字化变革不是单纯的技术问题，而是"管理革命"，那么数字化变革的推进过程必然不会是一帆风顺的，而是总会遭遇各种问题。这些问题看起来五花八门、令人眼花缭乱，但基本上都可以归因于技术的局限性和人的局限性。

所谓技术的局限性，是指在现有技术条件下，无法完全满足我们对数字化变革的种种设想和追求。通常情况下，技术问题并不是轻而易举就能解决的，而是需要持续投入研发资金，不断地在技术领域深耕细作，广泛开展技术合作，通过共同努力不断克服技术障碍，进而推动数字化变革的深入。

人的局限性，是指人受制于自身的天性、后天的认知水平，对问题的理解不够清晰、无法做出正确决策而导致的工作偏差。相对来说，这类局限性所带来问题的后果，持续时间更长、影响更加深远，也更难以解决。而在人的局限性当中，最值得关注的就是思维定式。

二、数字化变革需要打破思维定式

（一）思维定式很常见

思维定式，指的是我们在面对问题时，往往会依据过去的经验和教训，对问题做出相似或相同的判断。它是人们习惯性地运用过去的经验和知识解决问题的一种行为模式。

在日常生活与工作中，思维定式无处不在，就像一种无形的框架，影响着我们的思考方式和决策过程。例如，当人们在做一项新工作时，会习惯性地采用曾经有效的工作方法，而不去尝试新的工作方法。类似的情况在与其他人协作的过程中也很常见，人们总是按照既定的流程开展工作，而很少注意旧的流程是不是适应新的场景。

在日常消费中，思维定式导致人们在面对新产品和新服务时犹豫不决。人们会习惯性地将某种产品或服务与自己以往所熟知的进行对比,而不是客观地评价新产品的优点和缺点。这种现象在购买智能手机、智能汽车等消费品时尤为明显。

在人际交往中,思维定式会影响我们的行为和沟通方式。有些人在面对不同性格、不同背景的人时,会不自觉地使用同一种沟通方式,而忽略个体的差异。

为什么人普遍存在思维定式呢?这种现象可以从进化的角度找到合理的解释。人类在漫长的进化过程中,曾长期处于狩猎和采集的生活状态,经常面临食物短缺、能量供应不足等问题。为了生存,人类不得不时刻关注并解决威胁生存的问题,同时又要尽量节省能量。因此,人类倾向于选择最简单的方式解决问题,这种简单的方式往往就是过去经历过并证明行之有效的方式。

随着时间的推移,这个特征被深深地刻在了人类的基因里,成为几乎每个人都有的一种心理现象。这种心理现象不仅影响人们的认知过程,还影响人类行为和决策,使我们在面对各种挑战和压力时,能够迅速适应并做出应对之策。因此,在漫长的人类发展历程中,思维定式一直是一种有利于人类生存的心理现象。对于那些不经常变化的领域,思维定式是有好处的。

例如，在企业中，经常参与财务管理工作的人员，他们的思维定式往往表现为对数据的高度敏感性，且能够迅速、准确地进行计算和分析。这种思维定式帮助他们在处理一些复杂的财务问题时能够更有效地节省时间和精力，从而大大提高工作效率。

同样，思维定式还有可能让人们避免在同类问题上浪费过多的时间和精力。例如，一名程序员在编写代码时，如果他已经熟悉并运用了所擅长的编程语言和框架，那么他在工作时往往能够更快速地完成任务，从而将更多的精力投入其他工作。

在面对困难和挑战时，思维定式也能够发挥积极的作用，帮助人们保持信心和积极的态度。例如，舞蹈演员在学习和练习新的舞蹈动作时，如果经常练习并且保持自己的节奏，那么他们在表演时通常会表现得更加自信。

思维定式还有助于人们在特定领域内积累经验和专业知识，从而促进他们的专业发展。例如，在医疗领域，外科医生在进行手术前，他们的思维定式通常是观察患者的病情，并根据经验和知识采用相应的治疗方案。这种思维定式使外科医生即使面对复杂的手术也能够沉着冷静,有效地为患者提供专业的治疗方案。

(二)思维定式影响数字化变革

尽管思维定式是我们与生俱来的一种意识,并在那些不常变化的领域对我们有积极的作用,但在数字化变革之中,思维定式却是一个巨大的阻碍。它可能导致人们忽略技术的进步和价值,限制人们的创新能力,使人忽视有建设性的建议,从而做出错误的决策,最终影响数字化变革的开展。

首先,思维定式常常导致人们忽略技术的进步和价值。在瞬息万变的数字化时代,新技术层出不穷,应用速度也越来越快,为了跟上时代的步伐,我们需要投入大量的时间及精力学习和适应新技术。然而,思维定式往往让人们沉浸在舒适区,忽略新技术带来的变化和机遇,从而无法适应数字化发展,导致数字化变革的速度减缓。比如,数据是当今极其宝贵的资源,在企业的决策中起着至关重要的作用,甚至影响企业的未来,但思维定式会让人们依赖过去的经验,无法意识到数据的作用,发挥数据的价值就更无从谈起。

其次,思维定式还会限制人们的创新能力。当人们被自己的思维定式束缚时，思想和行为就会变得刻板，从而缺乏创造力和创新意识。这样一来，就会深陷"熟悉的环境、熟悉的思考方式"的怪圈，无法挣脱固定模式，更无法从创新的视角来审视问题。而创新恰恰是数字化变革必不可少的关键因素，这必然会对数字化变革的效果产生消极影响。

最后，思维定式容易使人忽视有建设性的意见。在思维定式的影响下，人们在很大程度上会盲目地坚持自己的主观臆断，以"一直都是这样的"作为主要决策依据，甚至陷入自以为是的思维误区，这不仅会导致与他人之间的矛盾和冲突，还会使富有建设性的意见和想法被忽视，白白错失有价值的变革机会，阻碍数字化变革的进程。

（三）打破思维定式

思维定式对数字化变革的影响是多方面的，因此，打破思维定式对于开展数字化变革工作尤为重要。为此，我们开展了一系列有针对性的行动。

1. 让干部意识到思维定式的存在与影响，有意识地做出改变

"火车跑得快，全靠车头带。"对于数字化变革而言，干

部队伍思维定式的负面影响，要比员工的思维定式严重得多。因此，在"领航者文化"中，我们对干部的要求更加严格。

第一，干部要能够深刻意识到，自己以及每一位团队成员都可能受思维习惯、工作经验、知识体系、认知模式等因素的影响，陷入一种思维定式。只有真正意识到自己身处思维定式，我们才能够通过更有针对性的方法，采取更有实效性的手段，努力寻求突破。

第二，干部要有能力识别哪些决策和解决方案是基于思维定式产生的。只有识别出问题，才能深入思考如何调整和优化现有的工作流程，进而找到新的、高效的解决方案，以避免受思维定式的过度制约和影响，进而全面提升整个团队的工作效率和执行力。

第三，干部要能鼓励团队成员提出自己的观点和看法。团队成员通过交流和碰撞，可以找到更好的思维方式和解决方案，打破原来的思维定式。因此，干部需要在团队内建立一个开放的工作环境，让大家可以毫无顾虑地表达自己的想法。

第四，干部要学会自我觉察和反思。定期反思自己在工作中的行为和决策，看看是否存在思维定式。如果存在，干部要及时调整自己的方法和思路。同时，干部还要关注团队成员的发展，为他们提供成长的机会，帮助他们不断提高自己的思维能力，从而摆脱思维定式的束缚。

2．打造崇尚创新的组织氛围，鼓励和引导创新

创新是引领发展的第一动力，在日趋激烈的市场竞争中，唯创新者进、唯创新者强。新华三集团之所以能够保持快速的发展态势，并确立领先的行业地位，与其历来高度重视创新是分不开的。这就是将创新列在"领航者文化"四个核心价值观之一的原因。我们鼓励全体员工做到以下几点。

第一，客户导向。以满足客户需求为准绳，时刻关注客户需求的变化，及时并持续更新完善产品和解决方案。

第二，主动创新。深入理解本职业务和专业，以提高效率、降低成本、提升效益为目标，主动积极探索与挖掘创新点，提出创新建议。

第三，开放包容。保持对新事物、新知识的好奇心，与时俱进，以开放的心态倾听不同的声音，吸纳他人的意见；鼓励、包容他人的创新。

第四，顺应变化。主动适应业务、市场环境的变化，主

动转变，利用新技术、新方法更好地满足环境变化对业务的需求。

第五，快速迭代。学习、掌握持续改进方法论，打破固有思维方式和工作方法，小步快跑，从岗位出发，不断地优化工作和敏捷创新。

我们通过各种激励机制鼓励员工积极参与创新活动。我们先后多次设置创新奖金、项目奖、荣誉奖等，以物质奖励和精神奖励的方式激励员工积极创新。此外，我们还多次在公司内部举办创新大赛，通过公平、公正的评选方式，让员工在比赛中相互学习、交流和竞争，从而提高创新能力。比如，2023年8月，我们顺应AIGC的发展大势，在公司内部举办了面向全员的AIGC大赛，设置了AIGC数字化变革应用大赛、AIGC解决方案大赛、AIGC研发大赛三个比赛项目，并提供了iPad（苹果平板电脑）、Apple Watch（苹果手表）、AirPods（苹果无线耳机）等丰厚的礼品，鼓励全体员工积极思考AIGC的应用场景，打破思维定式，跟上时代发展的步伐。我们收到了众多员工充满创意的想法与方案，并真正体会到了"高手在民间"的真谛。

3. 鼓励跨部门合作，让不同的思维方式互相碰撞

跨部门合作可以帮助我们更好地理解、接纳不同部门的工作内容和思维方式。不同部门因为负责的业务和领域不同，产生思维定式是不可避免的事情。如果只站在自己部门和岗位的角度来思考问题，那么思维定式是难以破除的。如果我们让不同部门的员工共同合作一个项目，那么在这个项目的执行过程中，大家就很容易发现自己的盲点和不足，从而更好地调整自己的思维模式。

此外，跨部门合作还有助于将不同部门之间的资源和优势进行整合、共享。每个部门都有各自擅长的领域和能力，当处理一个复杂问题时，不同部门之间如果能有效配合，发挥各自的优势，那么复杂问题就更容易被解决。随着技术的进步和时代的发展，我们遇到的问题会越来越复杂，这也对跨部门合作的频率和效果提出了更高的要求。基于以上两个原因，新华三集团大力推动跨部门合作。

我们设立了集团层面的跨部门合作激励奖，对于那些通过跨部门合作，给公司带来巨大价值的项目予以重奖。目的就是让公司所有人都知道，跨部门合作不仅可以更好地解决业务中遇到的问题，还有机会获得来自公司的奖励，肯定自身的价

值与行为。

我们的平台支撑部门如人力资源部、品牌营销部、人才研学中心等，都设立了BP（业务伙伴）岗位，这些BP深入业务部门的现场办公，与业务部门保持密切接触，使他们更加深入地了解并理解业务部门的特点。他们不仅能在一线获取真实、准确的业务数据，还能倾听业务部门员工的心声，从而更好地理解员工的思维方式。当他们将这些真实有效的信息带回本部门后，会将这些一手资料与部门员工分享，以此指导本部门工作的改进与创新，破除思维定式，使其工作更加灵活、更具创新力。

4. 对于无法改变思维定式的人，要及时做出组织调整

尽管我们在工作实践中，采取了一些措施并取得了一定成效，但总有极个别人员是极难改变的。对于一些不愿意甚至没有能力进行自我改变的人，及时做出组织和岗位上的调整，对公司、对个人都是有利的。

虽然这似乎不近人情，但只有这样，才能使公司保持难得的创新氛围，更好地将数字化变革开展下去。每一家公司都有其独特的企业文化，而对公司文化的不认同，既不利于公司的发展，也是对那些勇于破除自己思维定式员工的不公平，他们可能会怀疑坚守变革的信念是否值得。

随着社会进步、时代发展，变革已经成为我们生活中的一种常态。如果员工认为改变是公司强制的，这本身可能就是一种认知上的偏差。适应这个时代的人，应该有思想、有目标、有方向，不断地学习新的知识，掌握新的技能。只有那些勇于改变、勇于创新的人，才能更好地在这个时代发挥自己的价值。

三、让全员成为数字化变革的参与者、推动者

虽然我们的很多做法有利于打破思维定式，为数字化变革的推进打下了良好的基础，但数字化变革涉及组织的每个角落，离不开全体员工的支持与参与。那些真实的业务场景都在普通员工的日常实践中，而变革的战略也需要普通员工去落地。

在如此重要的变革过程中，如果没有全员参与作为支撑，那么变革是不可能深化的，也难以取得良好的效果。因此，我提出了"数字化变革只有参与者，没有旁观者"的理念。

我们要打造一种全员参与数字化变革的浓厚的组织氛围。

那么，该如何打造全员参与的变革氛围呢？新华三集团拥有近2万名员工，我们的目标是所有员工都能参与到数字化变革的工作实践中，这个挑战太大了。经过认真研究，我们设计了一套"组合拳"来破解这个难题。

（一）进行视频培训

虽然视频的形式是成本最低的，但这并不是我们选择制作视频课程最主要的原因。视频课程最大的优点是可以打破时空的限制，能够让每个人随时、随地反复观看和学习。对于所有员工来说，这是打开企业微信、动动手指就能完成的事情。大家在每天通勤的路上或中午休息时都可以学习。

（二）设计课程内容

要完成全员的认知升级，课程内容是关键。为此，我们对课程内容做了一系列的设计。

1.减少视频课程的时长和期数

起初，我们为让全员更加深入地理解数字化，计划把课程内容设计得尽可能详尽一些，但这样一来，整个课程内容就会非常长。很少有人愿意一下子投入这么多时间和精力去了解一个新领域的、"大而全"的内容，因此这不利于提高全员学习的参与度和积极性。

根据我们的经验，化繁为简的方式更有利于员工完成长期而具体的任务。具体而言，可以设计一些有效且简单的任务，使员工在执行后，能体验到达成目标的价值感与成就感，当员工多次感受到成功的喜悦时，就更愿意去完成那些更具挑战性的任务。

因此，我们不断地对课程内容进行梳理、精简，只保留精华部分，将课程浓缩为9期，每期课程时长控制在10分钟左右。我们力求为广大员工提供一种简洁明了的学习体验，解答他们在数字化变革方面普遍关注的核心问题，如数字化变革是什么，为何企业要积极应对数字化变革，在实施数字化变革时企业应该如何做，我们在这方面有哪些成功的实践案例，等等。我们希望通过这样的方式，让员工在短时间内轻松了解自己关心的话题，从而激发他们参与学习的热情。

2. 帮助全员找到内在的学习动机

尽管公司强制要求所有员工修习课程,但这种强制只是外部的驱动力量。我们不能忽略的是,人有内部主观能动性。只有在内部主观能动性的作用下,人才能更好地发挥自身的潜力和创造力,积极地投入有挑战的学习和工作中,如果人们没有找到做事的内部动机,通常就会敷衍了事,难以真正展现自身的能力,也就无法取得进步和提升。

因此,我们的首要目标是激发每个员工找到自我驱动的关键力量。对广大普通员工而言,他们忙于日常工作,很可能还未深度思考数字化变革的意义,因此公司需要对他们进行引导和启发,帮助其理解得正确而深刻,以提升其对数字化变革的重视程度。

在课程的发刊词中,我们提出了三个非常重要的学习目标:说得出、看得懂、做得到,三者层层递进,以激发每个员工寻找自己的内在动机。

第一个目标,让每个新华三人说得出新华三集团对数字化变革的理解。

我邀请大家想象一下这个场景,学习完这门课后,当你的客户、合作伙伴，甚至是朋友问起你关于数字化变革的话题时，你能掷地有声地回答"新华三集团对数字化变革是这样理解的……"然后你不仅能说出数字化变革是什么，还能说明白为什么要进行数字化变革，并且能给出数字化变革的方法和路径，我相信那一刻，你会从对方的眼神里收获由衷的赞赏和敬佩。

第二个目标，让每一个新华三人看得懂数字化发展的趋势。

从这门课开始，我邀请大家笃信一个观念，那就是一定要和趋势做朋友。数字化变革，不仅是整个世界的趋势，其自身也蕴藏着很多技术、专业和综合趋势。能够从趋势中发现机会，并且从机会中找到成长的机遇，是我们每个人都值得努力的方向。在这门课里，我相信你会通过最简便易行的方式，得到洞见，看到趋势。

第三个目标，让每一个新华三人做到成为数字化变革的参与者。

新华三不仅向百行百业提供数字化变革方案，公司内部的数字化变革也在如火如荼地开展。不仅有很多部门在探索中找到了很多数字化的创新点，还有很多部门已经产生了令人惊叹的成功案例。我们广泛邀请这些同事，把他们最闪光的经验分享给大家，让每个新华三人都开拓思维，找到自己参与这场变革的路径。

另外，我们专门用两节课程，为大家讲解数字化变革给个人带来的深远影响。在这个瞬息万变的时代，虽然大家都清楚，数字化变革对企业的发展具有不可估量的价值，但这场变革对个人的意义同样重大，只不过在生活、工作中，大家很少从这个角度去思考。因此，在我们设计的课程中，专门加入了数字化变革对个人有何意义的相关内容，以进一步激励员工积极主动地参与到数字化变革之中，共同为企业升级、创新发展贡献一份力量。

3. 让课程通俗易懂

为了达到提升全员认知的效果，我们还必须降低整个课程学习的难度，为此，我们从以下三个方面入手开展工作。

一是以听众为中心。开发数字化变革课程的员工相对来说都是有一定专业知识背景的人，他们会不由自主地使用一些专有名词。但普通员工未必完全了解这些专有名词的含义。所以开发课程时，应尽量用最朴实易懂的语言，以及大量的类比来增强课程的可理解性。

二是吸引听众的注意力。每个人对未知事物都抱有好奇心，因此，我们采用了"问题+解决方案"的内容组织方式来激发员工的好奇心，引导他们面对问题时积极思考，使他们更加专注于课程的内容，从而更好地理解数字化变革。

三是使用感性的素材。在视频课程中，我们使用了大量的动画、真实的视频等，将细节可视化地呈现在员工面前，帮他们降低学习难度，提升学习兴趣。

（三）激励员工持续学习

我们特意设计了一个名为"数字化变革学习季"的活动。整个活动为期两个月，每周二更新一讲课程。这是经过精心设计的，我们要利用这两个月时间，营造全员深入学习数字化变革的氛围。人们大部分时候都有从众心理，当周边的同事聊天说起数字化变革这门课程，聊到这门课程对他们有所启发的时候，就会更容易使那些还没有学习的人自发地去学习。

同时，我们也为"数字化变革学习季"活动设置了一些奖品，如AirPods以及新华三人才研学中心设计的文创礼品等，用这些奖品作为外部激励，以进一步提高人们学习的积极性和主动性。

此外，每隔两周，我们就会面向全员公布在前两期课程中，哪些员工课程学习得最快，哪些员工在课程评论区的留言最深刻。这么做有两个目的：第一，起到督促的作用，提醒还没学习的同事去学习；第二，让那些积极参与学习并在学习中有所收获的人获得荣誉感。在课程中，我们设计了一些思考题，后来惊讶地发现，经过学习，员工的认知水平大幅提升，答案超出了我们的预期。比如下面这位员工的回答，就让我们深感惊喜：

"众人拾柴火焰高"，一个组织的数字化变革需要每一位员工的积极参与，我们都是参与者，不是旁观者。员工在组织的数字化变革中可能有如下三种反应：

一是无法适应数字化变革，这样的员工注定是要被时代淘汰的；

二是适应数字化变革，但没有参与建设；

三是很好地适应数字化变革、积极参与并提出有建设性的意见。

当我们争做第三类员工，躬身入局、挺膺负责时，可能会发现一个比较麻烦的问题，那就是角色权限壁垒：我们发现和希望解决的问题，需要多个部门联合解决，但是我们大多只了解对接自己部门的方式，当需求链一级一级推动时，问题的处理效率就会受限于最为薄弱的一环。此时，如果我们都学会互换角色思考，比如，切换客户角色、上下游部门角色，角色影响思维，思维影响判断，判断影响决策，站在对方的角度考虑问题，做不同角色之间的纽带，纽带多了、紧了，数字化服务体验就会稳固提升。

类似的留言还有很多。正是大家的留言，让我们真切感受到了在员工认知升级这件事情上取得了良好效果。

在整个"数字化变革学习季"活动结束后，我们做了统计，发现这次学习活动的完成率很高，每一讲课程的完课率都在97%以上；如果按部门来看，大概有12个一级部门课程完成率都在98%以上，还有3个部门的完成率是100%。

（四）发现员工中的带头人

前面我们也提到了，"火车跑得快，全靠车头带"，但车头也不能只是我们的各级主管，还需要优秀的员工。我们要从中挑选出一批对数字化变革理解深入的同事，让他们成为员工中的模范，带动整个数字化变革工作的展开。所以，在"数字化变革学习季"活动结束之后，我们趁热打铁，举办了一场知识大赛。一是检验大家的学习成果，二是寻找对数字化变革有深入理解的员工，带领其他员工一同成长。

这场知识大赛采用的是自愿参与、在线答题的方式。在活动开始前，我们测算了一下，只要有 500 人参加这场知识大赛，就已经达到目的了。结果居然有 4 401 人参与了这场答题活动。这场知识竞赛的题目还是有一定难度的，其中有 125 个人获得了满分的成绩。我们又从这 125 个人之中，精选出 50 个发表"优秀学习感言"的人，接受全公司投票，让大家票选出那些对数字化变革理解深入的员工。这些员工都非常年轻，他们的感言让我读起来心潮澎湃。新华三集团有这么多优秀的年轻人投入数字化变革之中，我坚信我们的数字化变革一定能够取得成功。

通过以上四个步骤，新华三集团较好地完成了全员对数字化变革的思维突破，为全员积极参与到数字化变革的具体工作中，构建了坚实可靠的认知基础和思想准备，这是新华三集团数字化变革取得成效的一个重要基础和前提。

第五章

变革的展望

一、对于数字化变革未来之路的思考

人类社会的发展一直都是在变革中演进，而变革及演进的根本规律，就是让人类的行为越来越有效率，以更少的代价，获得更大的收益。在农耕时代，生产力主要来自人的体力，社会的发展进步主要依靠劳动力，生产力增长和人工之间是"加法关系"。进入工业时代，随着蒸汽机的广泛应用，人与机械的协同在生产力的提升中越来越重要，社会的发展进步更多的是依靠协作力，生产力增长和人工之间变成了"乘法关系"。而随着信息化、数字化、智能化时代的来临，人与数据之间的黏性变得越来越强，生产力增长和人工之间的关系已经是"幂增关系"了。

当前，数字经济的蓬勃发展正在加快重构全球创新版图，重塑全球经济结构，特别是以 ChatGPT 为代表的 AIGC 领域一系列创新技术的突破，使我们正在亲历科技史上的又一次革命——第四次工业革命。在这一时代浪潮下，未来的数字化变革之路，不仅需要我们在技术上始终保持敏感性、前瞻性，积极拥抱技术前沿；更重要的是，需要我们从业务模式、组织结构、服务方式等各个方面，进行全面的创新、重构甚至是颠覆，以开放、协作、跨界的态度来推动数字化变革迈向更广袤的未来。

（一）积极拥抱 AIGC 智能新时代

2023 年注定是人类文明乃至全球历史的重要里程碑。在人类历史长河中，意料之中却意想不到的 AIGC 激荡起了一朵涟漪，开启了人类发展的智能新时代，加速引爆了产业革命。

ChatGPT 在 2023 年初的走热，再次刷新了我们对 AI 的认知。它上知天文、下晓地理，懂古文、写代码、作诗、作画……似乎无所不能，谷歌的一位工程主管甚至表示：ChatGPT 和 GitHub Copilot 预示着编程终结的开始，生成式 AI 将在 3

年内终结编程。这些都标志着人工智能技术正在从感知、判断型的分析式 AI，向具有创造能力的生成式 AI 加速演进。这些现象的背后，清晰地勾勒出了数字时代演进和发展的三大趋势。

一是算法即"魔法"：人工智能不仅变得更强，而且开始自我孕育、自我生长。比如，ChatGPT 所展示的大模型算法的应用效果像"魔法"一样，可以给我们带来一些意想不到的惊喜。

二是数据即能量：数据不仅变得更多，而且与智能应用的黏性更强。未来数据将不再是静态的、被动的，而是能够以动态的形式与智能应用进行更快速的联结、交互，并创造性地生成新的数据。

三是算力即边界：算力不仅更大，而且将迎来新的摩尔定律。AIGC 应用有赖于强大算力的支撑，其能力边界在很大程度上取决于算力的供给能力，可以说，未来的芯片性能有多强、算力有多大，AIGC 应用的边界就有多广。

对于 ChatGPT 所展现出来的颠覆性技能，英伟达总裁黄仁勋用一个全新的论断来形容，我们正处于 AI 的 iPhone 时刻；比尔·盖茨感慨，GPT 的伟大堪比计算机、互联网的诞生；沃伦·巴菲特预言，AI将颠覆社会；时年100岁的基辛格在《人工智能时代与人类未来》中探讨人工智能的意义。

2023年3月以来，国内AIGC赛道加速走热。首先，同年3月8日从全国两会上传出一个令人振奋的消息，我国将正式成立国家数据局。数据是AIGC时代最重要的生产资料，国家数据局的成立，将更好地推动数据的流动、清洗、加工和利用。在我们看来，2008年国家能源局和2023年国家数据局的成立，标志着数据作为"新时代的石油、黄金"，开始加速取代上一轮发展所需的煤炭与石油，成为资本的宠儿与蓄水池，为中国经济和社会的持续发展提供新的动能，中国数字经济发展也将进入数据要素驱动的新阶段。其次，"中国版"AI大模型相继发布，如雨后春笋般涌现，发展速度超乎想象，仅半年多的时间，中国AIGC赛道已然是百"模"大战、千"智"竞发，充分展现了中国高科技企业紧跟世界技术演进方向、产业发展趋势的信心和决心。

当前，尽管人们对AIGC产业未来的发展走向有不同的认识和看法，比如，有人认为，AIGC所引发的伦理、法律以及数据隐私等问题尚未找到妥善解决的办法，但从业界的主流观点来看，AIGC是未来，是比移动互联网、移动支付影响还要深刻的第四次工业革命，若不积极拥抱这个时代，我们将错失一次重要的发展机遇。面对这一趋势，我们每个人、每个组织、每个行业，都不能故步自封，而应该像AI一样，加快迭代自己的"算法"和认知，积极拥抱AIGC，认真思考每一项工作、每一项流程是否可以用GPT的模型和方法来解决实际问题，这是时代赋予企业家的责任与使命。

（二）做AIGC时代的"领航者"

以ChatGPT为代表的AIGC应用的惊艳问世，进一步把行业智能化变革的热潮推向了新的高度，技术、产品、业态、商业模式，甚至我们每个人的生活方式，都将开始加快重构与颠覆，智能化新时代正在加快来临。对此，我在2023年5月7日发出的《新华三成立7周年暨H3C诞生20周年、HP进入中国38周年总裁贺信》中，号召全体员工和我一道认真思考三个问题。一是面对AIGC时代对算力的热切需求，如何以持续演进的云智原生技术和产品，全面赋能算力基础设施换挡提质，保护好新华三集团的"基本盘""主粮仓"？二是如何更好地将AIGC所激发的数智之力嵌入百行百业的智慧解决方案，全面助力政企数字化变革智能升级，进一步筑牢新华三集团"数字化解决方案领导者"的"金字招牌"？三是如何将 AIGC 应用全面融入自身的数字化变革实践，进一步降低成本、提高效率，做与时俱进的奋进者，打造全球一流数字化企业？

面对新的技术和产业发展机遇，我们必须以开放的心态和最快的行动，坚持技术创新和行业应用双轮驱动，加快推进新华三集团在 AIGC 领域的布局。

1. 为 AIGC 产业发展构筑强大的智能算力底座

早在 2020 NAVIGATE 领航者峰会上，新华三集团就发布了"AI in All"战略，这一战略表明了我们对 AI 未来发展无比坚定的信念。近年来，我们也一直在践行这一战略，不断推进"数字大脑"计划。在 AIGC 所带来的新一轮科技和产业变革面前，作为一家高科技企业，新华三集团进一步推动"数字大脑"的全栈技术升级，围绕六大能力的构建加快创新突破。

一是算力资源的充分供给能力。新华三集团正通过异构

"xPU"[①]的高效组合、先进计算架构、多元异构算力资源的统一管理和智能调度三方面的升级,打造更符合智能时代需求的算力平台。同时,为了更好地调度和管理算力,新华三集团推出了全新一代智算解决方案,包括傲飞算力平台以及计算、存储、网络、能耗管理等关键部件。傲飞算力平台支持异构计算资源统一管理、多元异构算力资源智能调度。智算解决方案还支持 8 000 节点 AI 集群的调度能力,60 万 IOPS(每秒读写次数)的分布式存储能力,匹配高性能并行数据处理的特殊需求。在能源管理方面,还集成了液冷解决方案,以应对大规模智算和高性能计算的能耗挑战。综上所述,我们将以最优的 TCO(总体拥有成本)提供算力"最优解"。

二是高品质网络联接的能力。AD-NET 网络端到端解决方案推动园区、数据中心和广域网络朝着全光、无线、IPv6(互联网协议第六版)、广域确定性、智能无损等方向加速进化。

三是满足绿色节能更高要求的能力。新华三集团发布了新一代液冷解决方案,以丰富的产品组合、全面的技术路线、

---

① xPU 中的"x"代表可替换的字母,xPU 是指业界常见的各种"处理单元"。

完善的配套设备和统一的运维管理打造绿色、高效、智能、极简的极致数据中心,全面支撑数字中国以及"双碳"目标的实现。

四是提升高效率数据并行处理的能力,加速 AI 创新,在更深层上释放数据价值。新华三集团绿洲平台 3.0 实现了实时同步引擎的升级:实时感知数据变化,让客户业务决策更快、更准确;实现了湖仓一体引擎的升级:减少数据搬迁,协同数据开发,让客户数据分析更高效;实现了数治智能引擎的升级:AI 加持数据治理,让客户数据服务成本降低 30%。

五是应对不断加剧的安全挑战的能力。新华三集团率先发布的旗舰防火墙 M9000-X 重磅升级 8×400G(千兆字节)接口,以最强性能、极速响应、绿色低碳、超宽传输、网安融合、智能云化提升安全防护能力。

六是降低统一运维复杂度的能力。当前,运维难点已经从过去运维功能和自动化的提供转移到统一体验的提供。随着技术的进步,客户不断在历史部署的基础设施上,增加新的产品和解决方案,希望在历史部署、当前部署、未来部署的基础设施之间实现数据拉通管理、使用体验一致,这成为当前运维系统的重大挑战。新华三集团的 U-Center 5.0（统一运维平台）则实现了统一门户、统一告警、统一资源、统一流程、统一分析的"五个统一"，给行业用户交付"一张作战图、一个遥控器"，解决复杂多变的运维难题，让创新效率更高。

2. 在业界率先发布 To B、To G 领域的私域大模型——百业灵犀

随着通用大模型对应用场景探索的逐步深入，两个至关重要的问题摆在了面前。一是如何更好地满足百行百业的场景化、个性化、专属化智能升级需求？二是数据安全如何得到有效保障？对于政府和诸多行业而言，其存在大量的私域数据，不能在公域分享。因此，企业需要融汇大模型的能力，把公有数据通用模型的功力向私有数据垂直领域进行单向传送，训练客户私有和定制化的人工智能，安全地拥抱 AIGC。

为此，新华三集团充分发挥自身在数字化技术、人工智能领域的技术积淀，以及更懂垂直行业需求和特点的优势，加快 AIGC 相关应用的探索步伐。在 2023 年 6 月 9 日举办的 2023 NAVIGATE 领航者峰会上，新华三重磅发布了私域大模型——百业灵犀，以四个"专"为垂直行业和专属地域的客户，提供安全、定制、独享、生长的智能化服务（见图 5-1）。

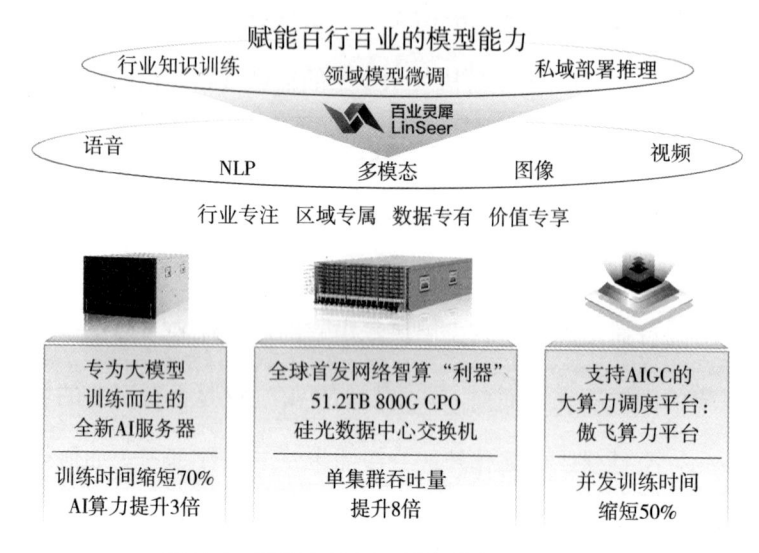

赋能百行百业的模型能力

行业知识训练　　领域模型微调　　私域部署推理

百业灵犀 LinSeer

语音　　NLP　　多模态　　图像　　视频

行业专注　区域专属　数据专有　价值专享

专为大模型训练而生的全新AI服务器	全球首发网络智算"利器" 51.2TB 800G CPO 硅光数据中心交换机	支持AIGC的大算力调度平台：傲飞算力平台
训练时间缩短70% AI算力提升3倍	单集群吞吐量提升8倍	并发训练时间缩短50%

图 5-1　新华三 AIGC 时代智算整体解决方案

注：NLP 为自然语言处理；TB 为太字节；CPO 为共封装光学。

一是行业专注：和行业伙伴一起，打通垂直应用数据，形成精准、精确、精益的私域垂直智能，培养特定能力，帮助百行百业建设最懂"行"的私域大模型。

二是区域专属：和各地政府一起，凸显地域特色，横向融合数据，贯通区域服务，帮助各省市县建设最懂"你"的私域大模型。

三是数据专有：确保 To B、To G 数据专有不出域、可用不可见，帮助客户以私有数据训练定制化的人工智能，安全拥抱 AIGC 时代。

四是价值专享：根据客户需求，量身定制 AI 能力，有针对性地解决行业发展的痛点、区域治理的难点问题，用 AI 创造专属于域内客户的独特价值。

经过近半年的探索实践，新华三百业灵犀私域大模型在中国信息通信研究院组织的"大规模预训练模型"标准符合性验证中，模型开发模块被评为"4+"，达到了国内领先水平。目前，百业灵犀已经在多地的数字政府，以及医疗、教育、智能制造等场景深化应用，以"AI for All"战略加速新质生产力的探索实践。

3. 以杭州图灵小镇开创 AIGC 产业创新发展新模式

聚焦 AIGC 应用，新华三集团发布了集智慧计算、高速交换、智能调度于一体的算力提升解决方案，打造了规模化、定制化、普惠化、自主化、可靠化的"五化"AI 基础设施全栈能力；围绕政府及医疗、教育、交通等百行百业的应用场景，推出百业灵犀私域大模型，为客户提供安全、定制、独享、生长的智能化服务。同时，随着产业实践的深入，我们也深刻地认识到，只有充分发挥产业链上下游企业的合力，形成集聚效应，才能够更好地把AI的复杂技术具象化、通用的能力个性化、综合的应用人本化，让"AI有爱（ai）"，共创人人悦享的美好数字生活。

新华三集团的这一愿景与杭州图灵小镇的口号——"让AI（爱）在这里生长"异曲同工、不谋而合。基于此，新华三集团积极创新合作模式，与杭州市萧山区政府在图灵小镇共建"3+1"四大中心，力争通过5年，将图灵小镇建设成为全国最知名的AIGC产业集聚地和人才培育地，成为新一代信息通信领域技术创新的重要策源地。

为落实这一愿景，我们将与业界伙伴协同，从四个方面着力。一是建设AIGC算力服务中心。面向国内外AI产业及软件业务，提供先进的AI与通用算力服务，为杭州市乃至长三角地区的各级政府、优势产业、新兴产业、科研院所等提供普惠算力和定制化模型服务。二是建设AIGC技术研发中心。开展涉及大模型全生命周期、多模态场景的技术研发，与众多生态伙伴一起，开展器件、部件、模块、整机、系统软件、应用软件兼容性验证以及解决方案的融合设计验证，带动上下游产业链协同发展。三是建设 AIGC 场景应用中心。围绕经济社会发展各领域数字化改革需求，充分发挥各自特色和图灵小镇资源聚集优势，打造 AIGC 特色应用场景，以智能化手段提升解决实际问题的能力。四是建设 AIGC 产业孵化中心。我们将充分发挥在 ICT 行业的生态辐射优势，吸引更多生态伙伴入驻图灵小镇，强化技术、人员、业务等方面的交流合作，促进 AIGC 产业的持续孵化。

总之，我们将通过与产业生态的多角度务实合作，寻求新的增长空间和创新突破，扬鞭人工智能新赛道，开拓人工智能新疆域。我们坚信，"图灵小镇"模式一定能够成为 AIGC 时代"政府搭台，龙头企业搭链，上下游企业创新搭伴，促进应用案例搭车"的产业发展新典范。

（三）以 AIGC 应用的躬身实践开启数字化变革 3.0

除了打造强有力的、面向外部的 AIGC "能力集"，作为业界的"数字化解决方案领导者"，我们还聚焦于自身应用，成立了四个专项小组，加快企业级 AIGC 应用在新华三数字化变革实践中的探索应用。这样不仅能够有效提升我们的管理精细化和决策精准化水平，而且可以把自己积累的应用和经验，打造成解决方案向外输出，助力百行百业数字化变革的智能化升级。

1. 充分发挥新华三集团优势，探索打造基础代码编写领域的"垂直模型"

新华三集团将充分发挥20余年的软件工程能力、TB级数据积累以及专有知识技能，融合自身先进技术，打造端到端AIGC代码辅助生成领域的"垂直模型"。目前，新华三81.6%的软件开发工程师使用AIGC，每日产生代码3万行。同时，AIGC应用正加快从代码生成向软件测试、代码检视、需求设计等环节延伸，端到端效率持续提升。在满足内部使用的同时，未来，我们将会探索对其他中小型软件开发企业开放，提供训练和部署私有代码辅助生成模型的一站式解决方案。

2. 将AIGC应用全面融入自身工作实践，开启数字化变革3.0

聚焦AIGC在日常办公中的应用，我们将AIGC能力与新华三数字化底座/"数字大脑"相融合，使其成为企业数字化操作系统智能能力的重要组成部分。同时，我们依托多模态 AI 服务，构建面向用户的统一智能助手——AI 助手，为员工和用户提供统一入口和一站式 AI 助手服务。当前，新华三集团在协同办公领域的 AIGC 应用主要聚焦在以下七大类场景。

- 内容撰写：包括文档资料开发、方案制定、表述编写、PPT（幻灯片）制作、新闻稿件撰写等。我们通过配套的工具与插件提升效率。
- 开发效能：包括代码生成、代码走读、代码评审、辅助测试等。我们提供了配套的开发工具扩展包。
- 翻译：包括文档翻译，视频、语音翻译等。在 AI 助手上提供了专属的平台界面。
- 知识助手：包括员工服务、客户服务，专业领域模型等。在 L1 级（第一级）模型基础上，增加向量化的知识挂载，让 AI 助手更专业，解答问题更高效。
- 设计：包括制作海报、插画等，同时试点短视频合成。
- 数字人：分别提供交互型（客服、面试、展厅讲解等）和非交互型（新闻、产品介绍、培训等）数字人。
- 应用集成：包括简历匹配、智能填单、会议纪要、订单解析等。

AIGC的出现，在数字化变革领域进一步开启了科技与想象的融合之旅，面对AIGC技术及应用的蓬勃发展，各个行业、每家企业都面临着全新的机遇和挑战，如何贴合广泛的应用场景，充分利用AIGC所激发的数智之力，进一步补齐产业短板、激活数据要素、探索智能应用、成就中国数字经济发展的下一个黄金十年，是时代赋予我们的共同责任与担当。展望AIGC时代的数字化变革实践，新华三集团将躬身入局，精研云智原生技术，深耕客户应用场景，以务实理念打造领先的数字化解决方案，通过不断进化的"数字大脑"，加速推进数字化变革的智能化升级，做百行百业最值得信赖的合作伙伴，为时代赋智慧。

二、对于推进数字化变革的思考

进入数字化时代，每个行业都需要重新思考和重新规划，这就是数字化的最大魅力。但是对于如何更好地推进数字化变革，业界并无统一的定论。在前文中，我们阐述了新华三集团的一些观点，比如，数字化变革必须由CEO来领导、必须打破思维定式等。总体来看，在推进数字化变革方法论的选择上，不同的实践者或理论研究者都有各自的观点，甚至可以说是仁者见仁、智者见智。在此，基于新华三集团赋能百行百业数字化变革，以及推进自身数字化变革的工作实践，我提三点思考与感悟，与大家共享、共勉。

（一）顶层设计很重要，但是快速迭代更重要

数字化变革是充分运用数字技术，全方位重塑战略思维、业务流程、组织架构和商业模式，构建以数据为核心驱动要素的价值创造体系的过程，是一项复杂的系统工程。因此，在数字化变革的整体架构层面，必须加强顶层设计，在目标设定、路径选择、要素投入等方面进行统筹规划，从而在体制机制层面保障数字化变革的成功推进。

但在具体的落地实施层面，要尽量避免"贪大求全"，不要苛求"一次性把事情做对、做完"。一方面，数字化变革不仅是要实现业务流程的数字化，更是对流程的优化、再造，乃至是对商业模式和组织模式的智慧升级，是一场深刻的"管理革命"。在这个过程中，很多问题难以一次性想清楚，不可能一蹴而就、一劳永逸。另一方面，数字化变革的成效最终是要靠实践来检验的，单靠理论论证和推演，很多漏洞

是难以发现的，只有通过对关键单元、关键步骤、关键子系统方案的反复应用、细化、调优，才能促进系统功能不断完善。因此，如果我们在数字化变革中坚持完美主义，那么结果很有可能是拖了很长时间也无法构建起可用的功能，甚至导致变革成为"烂尾工程"。

因此，在新华三集团看来，数字化变革的推进，更多的是要先进行任务拆解、分步实施，再进行优化集成、逐步成型，在持续的更新和迭代中，促进系统功能的不断完善与升级。比如，微信就是在不断的升级迭代中日臻提升和完善的，企业微信曾在2020年一年内，就更新了27个版本、迭代了1000多次，最频繁时一周就更新了3个版本。同时，回顾新华三集团自身的数字化变革之路，我们始终秉承着"小步快跑、快速迭代"的理念，先把"不那么完美"的系统用起来，通过不断地试错、反思、迭代、总结，推动业务流程与系统功能的持续完善。比如，我们在搭建企业"数字大脑"的过程中，每月都会有新功能上线，每周都会有新应用迭代，每天都会有新接口发布，不断查漏补缺、提升应用、丰富功能、加固安全、适应变化。同时，新华三商城也在不断地通过升级版本，改善原有服务、增加新的服务，我们希望能够通过

3年左右的努力，把它打造成为中国 To B、To G 领域产品最齐全、解决方案最丰富、服务与交付最高效的线上、线下相融合的特色商城。

（二）数字化变革的目的是真正解决问题

当前，世界已经进入了以大数据应用为特征的数字化时代，企业如果不积极对数据资源进行挖掘、清洗、利用，不积极进行数字化转型，则很有可能在未来的市场竞争中遭遇降维打击，甚至被淘汰。因此，数字化变革已经成为刚需和不可逆转的时代潮流。

尽管数字化变革如此"火热""时髦"，但是在麦肯锡公司2022年发布的一份报告中显示，中国企业数字化变革的成功率并不高。在现实中，我们也会看到，一些企业投资不少、思想上也很重视，但可能认知有偏差，策略不得当，或者执行遇阻力，机制没理顺，导致数字化变革没有取得应有的实效。应该说，其中的原因是多方面的，但我们认为，在众多原因中，有一点是需要格外注意的，那就是数字化变革并非装点门面的摆设、追求时髦的"花瓶"，服务发展才是最终的目的。如果企业的数字化变革流于表面，LED（发光二极管）

屏很大但找不到应用场景，机房很大但没跑通数据，不能实现降成本、提效能、增利润的目的，那么数字化变革就是在"玩花拳绣腿"。因此，数字化变革必须杜绝华而不实。

在新华三集团看来，要真正推动数字化变革走深、走实，就必须重点关注以下三方面的工作。第一，要真正聚焦业务、坚持问题导向。这是因为数字化技术既不是包治百病的灵丹妙药，也不是能称霸天下的武林秘籍，它只是一种赋能的工具和手段。只有把企业运营管理中存在的问题和挑战捋清楚，才能真正使数字化变革做到"靶向发力"，通过数据要素强大的可联接、可汇聚、可推演能力，进一步减少堵点、明确责任，进而达到降低成本、提高效率的目的。第二，要坚持 ROI 导向，数字化变革的应用实效一定要具体、可量化。我们利用数字化手段赋能每一项工作，节约了多少费用、提高了多少工作效率都应该有具体的测算。总之，一定要树立 ROI 的意识和导向，以更好地牵引大家把钱花到刀刃上。第三，大力营造全员数字文化，让数字化变革从高层决策变为全体员工的躬身实践，使全员都成为数字化变革的参与者和推动者。"高手在民间"，员工每天都在使用各类流程，是距离数字化系统"最近的那些人"，最具有发言权。让全员参与数字化变革的过程，也是充分发挥"群众首创精神"、集思广益的过程，大家提供的各类"金点子"，有利于促进数字化变革持续向纵深推进。

（三）数字化变革需要智慧，更需要勇气

数字化变革所带来的不仅是既有工作流程的变化，更是工作方式和工作理念的变革。其中，部门与干部的抵触情绪不能被低估。这种抵触情绪口头上常常表现为"技术不支持""安全没保障""业务办不到"，但这背后往往有更深层的原因。

第一，部门壁垒及本位主义。部门管理者的格局不够高，往往导致组织中部门之间缺乏有效的沟通与协作，在工作中不会换位思考而把本部门的利益看得过重。部门壁垒作为组织内一种常见的问题，不仅导致大量"烟囱式"的系统被重复开发，而且使很多跨部门的业务流程烦琐、效率低下。

第二，推卸责任、不愿担当。组织中流程复杂且效率低下的另一个原因，就是当事人不愿意承担相应的责任，某些决策期望由他人做出，从而导致很多流程的流转过程牵涉过

多的角色和职能部门。

第三，也是最重要的一点，就是数字化变革的推进，将带来对既有"权"和"利"的再调整、再分配，使某些团体的利益受到冲击。这主要表现在两个方面。一是有些企业在某个时期基于当时的场景和技术条件而设立的一些部门，随着业务的发展可能已经不再具有相应的价值。在流程再造的过程中，这些部门为了既有利益会发出反对的声音或者不积极配合。二是数字化变革的推进，将使利益的分配清晰化、透明化，能够最大限度地消除"混沌行为"和"灰色地带"，这可能会触及一些人的"奶酪"。比如新华三商城的案例，在商城上线之前，我们的订单什么时候发货、运输到哪里了、最后到了谁手里、安装在哪里、各级代理商之间的利益分配是怎样的，等等，很多环节的信息是模糊的，由此引发了窜货、过单、"买业绩"等违纪违法行为。

这些问题由来已久，可能公司很多人都是心中有数的，甚至洞若观火，但是缺乏行动的勇气，没有下定决心彻底解决。当然，其中可能有干部视野狭窄、能力不足等方面的原因，但更重要的原因是格局不大和缺乏担当，很多人担心改革会遇到来自人的阻力。为此，在新华三商城建设的过程中，无论遇到什么样的困难和阻力，我们都始终坚定不移地围绕全景展现从产品出厂到最终客户安装服务全链条、全过程的路径图，明晰产业链上所有参与者的分工与利益，架起原厂与客户、渠道快速沟通的桥梁，达到原厂能迅速找到客户、客户能迅速找到原厂的双向互动的最终目标。为此，我们"逢山开路，遇水架桥"，有什么问题就解决什么问题，最终，通过商城的上线，实现了交易的全程透明可视。

因此，我们的感受是，在推进数字化变革的进程中，很多时候勇气比智慧更重要。只有真正做到"讲常识，合逻辑，遵循市场规律"，才能在纷繁复杂的利益面前，快刀斩乱麻，坚定不移、勇往直前地将变革进行到底，更好地维护公司的整体利益。

附 录

"领航者文化"正式发布时,我们以邮件的方式向全体员工发送了一篇概览、四篇解读及一篇全貌回顾,从而正式开启了企业文化的重塑。

概览

亲爱的新华三全体同事:

从 2016 年 5 月成立至今,在全体新华三人众志成城、不断创新突破的共同努力下,新华三集团已成为具备卓越远见与前瞻视野的行业力量,并在"数字化解决方案领导者"的道路上不断前行、持续领航。

领航是新华三的不懈追求,在数字经济的海洋里乘风破浪、勇立潮头;领航是新华三的坚定信念,市场开拓的道路并不平坦，但我们始终初心不改；领航是新华三的强劲动能，产品不断更新迭代，技术不断创新突破；领航已成为新华三的文化基因，继承着锐意进取的拼搏精神，焕发着蓬勃的生命力。在充分汲取各级领导干部和员工的意见后，经过 8 个月的调研、推敲和打磨，以领航为追求、信念、动能的文化价值体系——"领航者文化"今日正式发布。

"领航者文化"是专注于提升前瞻思想领导力、技术领导力、行业领导力与生态领导力的文化，倡导的是以创新、开拓为己任，不断学习提升、积极挑战自我、无畏艰难险阻、不墨守成规、不安于现状、迎难而上、永争第一的精神，最终为行业生态构建、百行百业的发展乃至社会进步做出积极的影响与贡献。

基本精神

志存高远，脚踏实地，勤勉奋进，争做技术、业务与行业的领航人才。

基本内涵

强调创新、开拓与冒险。挑战自我，鼓励技术创新、管理创新、产品创新和商业模式创新,永葆开拓进取的勇气与活力。强调为客户、合作伙伴及其他利益相关方带来新价值,成为中国经济发展新动能。

员工行为导向要求

使员工在任何环境下都能保持旺盛的工作激情、乐观的处事态度、坚定的信念和顽强的意志。使员工在任何环境下都能坚持正确的原则,自觉遵守法律法规和市场规律。

"纷繁世事多元应,击鼓催征稳驭舟。"愿全体新华三人在"领航者文化"的鼓舞和感召下,时刻提醒自己开拓奋进、精益求精,实现个人职业发展的新突破,携手打造公司行业地位的新高度。

在接下来的一周里,我们将为大家逐步解读"领航者文化",包括核心价值观、行为准则、员工和干部的行为导向要求。敬请期待!

核心价值观

在一套完整的文化价值体系中,核心价值观往往是基石和灵魂。"领航者文化"的核心价值观是"客户、创新、激情、共赢",这四个简洁精练的词凝聚了"领航者文化"的精髓,是我们一切行为的基本出发点和重要依据。

客户

新华三集团以成就客户为核心使命,专注于全力支持客户的业务创新,为客户的持续发展与价值提升贡献最大的力量。

创新

新华三集团以创新为立身之本,坚持以不断创新的技术、产品和解决方案服务客户,并持续推动行业的发展与进步。

激情

新华三人时刻满怀激情与梦想,开拓创新、锐意进取,为成就客户和推动创新持续贡献自己的智慧与能量。

共赢

新华三集团倡导打通组织与思维的边界,全力建设开放、灵活的生态环境,与政府、客户、合作伙伴实现优势互补,携手助力数字中国的实现,共建普惠大众的美好生活。

让我们一起紧密围绕客户,用创新和激情的实干托起梦想,实现共赢,将核心价值观真正内化于心,外化于行。

行为准则

行为准则是核心价值观落地的行动纲领,是行为导向要求的指导方针。"领航者文化"的行为准则分为做事和做人两个层面——做事:讲常识,合逻辑,遵循市场规律;做人:守诚信,有担当,坚守知行合一。

做事:讲常识,合逻辑,遵循市场规律。

- 求真务实,基于常理和实践,根据客观逻辑关系进行思考并做出决策。
- 与时俱进,认知并掌握市场规律,将市场规律和法则作为决策的准绳。

做人：守诚信，有担当，坚守知行合一。

· 正直诚信、实事求是；爱护企业声誉、维护企业形象。

· 尽职尽责、勤奋谦虚；坚强自信、勇于担当；自利利他、乐于助人。

· 主动学习、提升认知；知行合一、言行一致。

希望每一位新华三人在日常工作行为中能够时刻遵守行为准则，将复杂问题简单化，共同营造一个阳光和谐的组织氛围。

员工行为导向要求

员工行为导向要求是员工最基本的工作态度和行为方式，是由核心价值观和行为准则延伸出来的行为规范，就如何成为合格的新华三人提供了方向性指导。"领航者文化"的员工行为导向要求由"四个坚持"和"四个用心"构成。

"四个坚持"

第一，坚持恪守核心价值观及行为准则。

- 理解并认同集团的愿景、使命和价值观，在工作实践中贯彻企业价值观和文化精神。
- 共同营造价值取向清晰的企业氛围，遵守并维护公司制度，共同维护公司形象和利益。

第二，坚持对内部腐败零容忍。

- 维护企业利益，了解并遵守相关管理规章制度。
- 严于律己，自觉遵守反腐败相关规定，共同建立健康的内部环境。

第三，坚持阳光和简单的人际关系。

- 保持乐观开放的心态，爱岗敬业，享受工作的乐趣和个人的成长。
- 以最佳的状态和情绪，感染身边同事。
- 以公正的视角对待同事和工作，宽以待人，善以对人。
- 共同营造阳光和谐的团队氛围，善于沟通，欢迎不同意见，群策群力，共同解决问题。

第四，坚持用业绩说话。

- 树立牢固的业绩观,争创一流业绩。

- 通过业绩实现个人发展、突破,乃至对行业及社会的贡献。

"四个用心"

第一,用心学习。

- 具备自主学习的主观能动性与谦虚态度,博采众长,并善于从实践中总结学习,不断成长。
- 保持严谨好学的作风,主动提升业务知识和技能,不断进步。
- 保持对新技术、新趋势的敏锐嗅觉,与时俱进,不断钻研并践行。

第二,用心思考。

- 善于总结与反思过去,并能将经验应用于工作实践。
- 善于展望与规划未来,并能据此调整与优化当前工作。
- 善于思考与改进业务,提升工作效率。
- 善于思考并解决问题,积极主动,提高协同效率。
- 善于突破思想壁垒,与时俱进,勇于创新和改变。

第三，用心沟通。

- 以"解决问题"为第一目标，以理解互信为前提，提倡换位思考，主动聆听，化解矛盾，积极交流提升效率，充分沟通达成共识。
- 对客户：主动交流，态度坦诚，明确需求，及时反馈，从而推动问题的高效解决，提高客户满意度。
- 对同事：面对分歧积极讨论，阐明意见，理顺思路，达成一致；面对利益顾全大局，有理有节，尊重人格，友好协商。
- 对领导：汇报工作实事求是，反映问题敢于直言；对上级指示，主动请示积极汇报，明确方向充分领会，从而推进顺利落实。
- 对下属：尊重理解，平等对待；决策宣贯耐心细致，主动聆听员工心声，从而切实解决员工问题，助力员工成长。

第四，用心工作。

- 坚持目标/责任/结果导向，专业、扎实、高效地完成工作。
- 不惧挑战、全力以赴、敢于争先，不断超越已有成绩。
- 保持激情，始终以公司整体利益为先，树立使命感，提高获得感。

愿每一位新华三人在一言一行中遵守行为规范，做行为导向要求的践行者和示范者，将员工行为导向要求变成日用而不觉的行为准绳。

干部行为导向要求

作为文化建设的中坚力量，干部率先垂范，为全员树立典范，将有助于文化的弘扬与公司的发展。"领航者文化"明确了员工行为导向要求，与此同时，也特别针对干部提出了更高的要求。因此，新华三集团的干部不仅需要遵守员工行为导向要求——"四个坚持"和"四个用心"，还需遵守干部行为导向要求——"三个必须"。

第一，必须树立格局观和大局观意识。

- 对业界格局具有清晰的认识，始终以公司利益最大化为前提思考问题。
- 具有前瞻视野，具备变革意识、魄力和能力，面对挑战，勇于承担责任与风险。

- 敢于打通部门边界，善于综合考量业务对公司战略目标和相关部门、相关流程的整体贡献。
- 关注企业长远发展，深谋远虑、布局缜密。

第二，必须保持风清气正的组织氛围。

- 秉承公平原则，以统一标准建立管理机制，创造团结和谐的人事氛围。
- 秉承公正原则，以客观事实为唯一准绳，做出正确的判断与决策。
- 秉承公开原则，让规则、流程、标准、制度与结果等公开透明，打造"阳光团队"。
- 居安思危、防微杜渐、坚持规则前置，保持"团队土壤"的廉洁与合规。
- 鼓励团队员工敢于承担责任，愿意换位思考，构建相互信任和勤奋务实的工作氛围。
- 鼓励员工提出问题和意见，善于纳言。

第三，必须践行以身作则及言行一致。

- 严格自律，率先垂范，带领团队与公司并肩前进，并成为创新开拓、勤勉奋进的模范。
- 以使命感与责任感推动组织文化建设，通过自身的言行帮助员工真实地体会公司核心价值，进一步认同企业文化。
- 围绕组织目标，在关键工作进程中言传身教，提升团队的战斗力与团队的综合绩效。

新华三集团的每一位干部都是"领航者文化"的带头人，不仅要对自身高标准、严要求，三省吾身、见贤思齐，还要在日常工作中发挥表率和带动作用，用行动不断激励和鼓舞员工，引导和带动团队共同促进"领航者文化"的健康发展。

引领未来 迎风远航——"领航者文化"全貌回顾

亲爱的新华三全体同事：

在过去一周的时间，我们为大家介绍了"领航者文化"的概况，并且依次呈现和解析了"领航者文化"的核心价值观、行为准则、员工和干部的行为导向要求。这些点串成线、汇成面，就是"领航者文化"全貌。

[领航者文化]

领航者文化是专注于提升前瞻思想领导力、技术领导力、行业领导力与生态领导力的文化，倡导的是以创新、开拓为己任，不断学习提升、积极挑战自我、无畏艰难险阻，不墨守成规、不安于现状、迎难而上、永争第一的精神，最终为行业生态构建、百行百业的发展乃至社会进步做出积极的影响与贡献

⚙ 基本精神

志存高远、脚踏实地、勤勉奋进，争做技术、业务与行业的领航人才

📖 基本内涵

强调创新、开拓与冒险。挑战自我，鼓励技术创新、管理创新、产品创新和商业模式创新，永葆开拓进取的勇气与活力

强调为客户、合作伙伴及其他利益相关方带来新价值，成为中国经济发展新动能

👤 员工行为导向

使员工在任何环境下都能保持旺盛的工作激情、乐观的处事态度、坚定的信念和顽强的意志

使员工在任何环境下都能坚持正确的原则，自觉遵守法律法规和市场规律

[核心价值观]

👤 客户

新华三集团以成就客户为核心使命，专注于全力支持客户的业务创新，为客户的持续发展与价值提升贡献最大的力量

💡 创新

新华三集团以创新为立身之本，坚持以不断创新的技术、产品和解决方案服务客户，并持续推动行业的发展与进步

☆ 激情

新华三人时刻满怀激情与梦想，开拓创新、锐意进取，为成就客户和推动创新持续贡献自己的智慧与能量

🤝 共赢

新华三集团倡导打通组织与思维的边界，全力建设开放、灵活的生态环境，与政府、客户、合作伙伴实现优势互补，携手助力数字中国的实现，共建普惠大众的美好生活

[行为准则]

做事：讲常识，合逻辑，遵循市场规律

- 求真务实，基于常理和实践，根据客观逻辑关系进行思考并做出决策
- 与时俱进，认知并掌握市场规律，将市场规律和法则作为决策的准绳

做人：守诚信，有担当，坚守知行合一

- 正直诚信、实事求是；爱护企业声誉、维护企业形象
- 尽职尽责、勤奋谦虚；坚强自信、勇于担当；自利利他、乐于助人
- 主动学习、提升认知；知行合一、言行一致

员工行为导向要求

四个坚持

坚持恪守核心价值观及行为准则
- 理解并认同集团的愿景、使命和价值观，在工作实践中贯彻企业价值观和文化精神
- 共同营造价值取向清晰的企业氛围，遵守并维护公司制度，共同维护公司形象和利益

坚持对内部腐败零容忍
- 维护企业利益，了解并遵守相关管理规章制度
- 严于律己，自觉遵守反腐败相关规定，共同建立健康的内部环境

坚持阳光和简单的人际关系
- 保持乐观开放的心态，爱岗敬业，享受工作的乐趣和个人的成长
- 以最佳的状态和情绪，感染身边同事
- 以公正的视角对待同事和工作，宽以待人，善以对人
- 共同营造阳光和谐的团队氛围，善于沟通，欢迎不同意见，群策群力，共同解决问题

坚持用业绩说话
- 树立牢固的业绩观，争创一流业绩
- 通过业绩实现个人发展、突破，乃至对行业及社会的贡献

四个用心

用心学习
- 具备自主学习的主观能动性与谦虚态度，博采众长，并善于从实践中总结学习，不断成长
- 保持严谨好学的作风，主动提升业务知识和技能，不断进步
- 保持对新技术、新趋势的敏锐嗅觉，与时俱进，不断钻研并践行

用心思考
- 善于总结与反思过去，并能将经验应用于工作实践
- 善于展望与规划未来，并能据此调整与优化当前工作
- 善于思考与改进业务，提升工作效率
- 善于思考并解决问题，积极主动，提高协同效率
- 善于突破思想壁垒，与时俱进，勇于创新和改变

双桨鸿惊

用心沟通	用心工作
■ 以"解决问题"为第一目标，以理解互信为前提，提倡换位思考，主动聆听，化解矛盾，积极交流提升效率，充分沟通达成共识 ■ 对客户：主动交流，态度坦诚，明确需求，及时反馈，从而推动问题的高效解决，提高客户满意度 ■ 对同事：面对分歧积极讨论，阐明意见，理顺思路，达成一致；面对利益顾全大局，有理有节，尊重人格，友好协商 ■ 对领导：汇报工作实事求是，反映问题敢于直言；对上级指示，主动请示积极汇报，明确方向充分领会，从而推进顺利落实 ■ 对下属：尊重理解，平等对待；决策宣贯耐心细致，主动聆听员工心声，从而切实解决员工问题，助力员工成长	■ 坚持目标/责任/结果导向，专业、扎实、高效地完成工作 ■ 不惧挑战、全力以赴、敢于争先，不断超越已有成绩 ■ 保持激情，始终以公司整体利益为先，树立使命感，提高获得感

[**干部行为导向要求**]

员工行为导向要求

＋

三个必须

必须树立格局观和大局观意识

- 对业界格局具有清晰的认识，始终以公司利益最大化为前提思考问题
- 具有前瞻视野，具备变革意识、魄力和能力，面对挑战，勇于承担责任与风险
- 敢于打通部门边界，善于综合考量业务对公司战略目标和相关部门、相关流程的整体贡献
- 关注企业长远发展，深谋远虑、布局缜密

必须保持风清气正的组织氛围

- 秉承公平原则，以统一标准建立管理机制，创造团结和谐的人事氛围
- 秉承公正原则，以客观事实为唯一准绳，做出正确的判断与决策
- 秉承公开原则，让规则、流程、标准、制度与结果等公开透明，打造"阳光团队"
- 居安思危、防微杜渐，坚持规则前置，保持"团队土壤"的廉洁与合规
- 鼓励团队员工敢于承担责任，愿意换位思考，构建相互信任和勤奋务实的工作氛围
- 鼓励员工提出问题和意见，善于纳言

附　录

> **必须践行以身作则及言行一致**
> - 严格自律，率先垂范，带领团队与公司并肩前进，并成为创新开拓、勤勉奋进的模范
> - 以使命感与责任感推动组织文化建设，通过自身的言行帮助员工真实地体会公司核心价值，进一步认同企业文化
> - 围绕组织目标，在关键工作进程中言传身教，提升团队的战斗力与团队的综合绩效

"领航者文化"是具有感召力、凝聚力和生命力的文化。那些靠拼搏和汗水创造出的优秀业绩、靠苦思冥想迸发出的伟大创意，以及鲜为人知的动人故事，都是"领航者文化"最好的证明。

希望新华三人不断发扬"领航者文化"精神，争做"领航者文化"的宣传者、践行者和垂范者。让我们在"领航者文化"的熏陶和带领下，积极行动起来，充分释放工作的激情，尽情发散思维的触角，共同扛起"领航者文化"的大旗，一起打造更强大的新华三集团，领航数字经济时代。

后 记

2003年，H3C在杭州诞生，随着网络化、信息化、数字化时代的变迁，历经多轮股东和管理层的变动逐步发展壮大。特别是随着2016年新华三集团的成立，原杭州华三的企业网业务和慧与在中国的服务器、存储、技术服务业务珠联璧合，中美双方股东以开放、合作、共赢的理念，共同推动H3C这艘巨轮克服困难、劈波斩浪、加速向前，驶向了更加宽阔的发展航道，并取得了令人瞩目的成绩。对此，我深感骄傲与自豪！回顾新华三集团成立8年来的工作：

——我们以提升组织凝聚力和战斗力为目标，建立了朴实的企业文化，为公司的稳定、可持续性发展提供了强有力的思想指引。新华三集团成立后，为了更好地发挥惠普公司"惠普之道"与杭州华三"狼性文化"各自的优势，我们重新梳理并总结提炼出了"领航者文化",强调"客户、创新、激情、共赢"的核心价值观,倡导"做事:讲常识,合逻辑,遵循市场规律;做人:守诚信,有担当,坚守知行合一"的行为准则。健康、朴实的企业文化,为公司的基业长青提供了坚实的组织保障。近年来,在"领航者文化"的指引下,新华三集团在激烈的市场竞争中始终处于勇往直前的"快车道"。

——我们紧跟时代发展趋势,聚焦ICT主航道持续完善布局,构建了"云—网—安—算—存—端"全栈数字化基础设施整体能力。近年来,我们积极顺应云计算、大数据、AI等新技术引领下的行业数字化转型趋势,推动新华三集团从"ICT基础设施提供商"向面向百行百业应用的"整体解决方案提供商"成功转型;聚焦云智创新,以"云智原生"技术战略开启通往智慧类业务的大门。同时,我们保持战略定力,围绕提升企业差异化竞争力,组建网络、安全、计算存储、云智、智能终端等产品线,全面提升了H3C在新一代信息通信领域产品和解决方案的完整性、竞争力。

——我们始终把促进企业发展、维护好全体新华三人的共同利益摆在突出的位置，推动企业收入、利润实现快速增长。在国内市场，我们重塑市场组织架构体系，更好地服务行业、商业、运营商三大市场的客户；同时，深耕自研服务器业务，进一步提升了公司收入增量。在海外市场，2019年以来，我们布局了17个办事机构，认证合作伙伴超1 500家，建立了37个海外备件中心，服务覆盖176个国家和地区，着力将海外市场打造成为公司收入增长的"第二曲线"。得益于一系列措施的深入实施，近年来公司业绩保持了快速增长态势：净利润从2016年的22亿元增长至2022年的37.3亿元；营业收入从2016年的210.9亿元增长至2022年的498.1亿元，年复合增长率达15.5%，是同期中国ICT市场增速的近2倍。

——我们积极把握全球技术演进方向和产业发展趋势，把产品做到极致，把解决方案做到最优，持续提升新华三集团的技术和行业领导力。作为一家高科技企业，我们始终以技术创新驱动企业梦想与未来，每年保持高比例的研发投入，在关键技术上进行饱和攻坚，推出了一系列业界领先的技术、产品和解决方案，有力地支撑了公司在ICT市场的业绩表现。

——此外，我们还不断深化合规和反腐败体系建设，持续凝聚清风正气，助力企业行稳致远；以提升组织活力和促进企业基业长青为目标，着力加强薪酬激励机制优化和干部人才队伍建设；以新华三"数字大脑"为牵引，推进研发上云、打造供应链"数字化作战室"、建设智能制造未来工厂、推出线上线下相结合的ICT全栈式商城——新华三商城……数字化变革的深入推进，进一步降低了企业管理成本、提高了运营效率，使新华三集团的发展呈现出了动力活力更强、效益效率更高的良好态势。

回顾过去，是为了更好地走向未来。当前，数字中国建设整体布局的加快实施、AIGC应用及产业的蓬勃发展，都为我们下一步推动企业实现更好、更快发展提供了难得的历史机遇。面向未来，我们将一如既往地秉持全球化视野，在开发合作中不断深化"云智原生"技术战略，重点聚焦技术和产品的领先性、前瞻性，加强战略投入，切实维护好企业发展的"立命之本"。同时，我们将更加关注客户及市场形势的变化，先知先觉、提前布局，以精耕务实的态度，深度赋能数实融合，把更多优秀的产品和解决方案贡献给客户，在为数字中国建设和全球数字化转型赋能添智中争创更好业绩。

在 H3C 品牌诞生 20 多年后的今天，我们赋予了 H3C 全新的含义：H 代表 Highly（更高、更快、更强）；3 个 C 分别代表 Creative（技术创新）、Caring（贴心服务）、Credible（客户信赖），这三个词连起来就是新华三集团将通过不懈的技术创新、专业贴心的服务，不断赢得客户的信赖。

面对新形势、新目标、新使命，时代只会眷顾坚定者、奋进者、搏击者，而不会等待犹豫者、懈怠者、畏难者。我们唯有继续以"领航者文化"为指引，以开放的心态，不断保持创新的活力和变革的勇气，才能够乘势而上、聚势而强，更好地勇立时代潮头，做百行百业数字化变革最值得信赖的合作伙伴，共创人人悦享的美好数字生活！